五年制高等职业教育教材

总 主 编 ⊙ 王劲松
本册主编 ⊙ 张银星
本册副主编 ⊙ 荆　楠　王　欣　吴晓冬

图书在版编目(CIP)数据

语文.1/张银星主编.—合肥:安徽大学出版社,2019.7
五年制高等职业教育教材
ISBN 978-7-5664-1761-9

Ⅰ.①语… Ⅱ.①张… Ⅲ.①大学语文课－高等职业教育－教材 Ⅳ.①H193.9

中国版本图书馆 CIP 数据核字(2019)第 025059 号

语文 1　　　　　　　　　　　　　　张银星　主编

出版发行:	北京师范大学出版集团 安徽大学出版社 (安徽省合肥市肥西路3号邮编230039) www.bnupg.com.cn www.ahupress.com.cn
印　　刷:	合肥现代印务有限公司
经　　销:	全国新华书店
开　　本:	170mm×240mm
印　　张:	15.5
字　　数:	221 千字
版　　次:	2019 年 7 月第 1 版
印　　次:	2019 年 7 月第 1 次印刷
定　　价:	38.00 元
ISBN	978-7-5664-1761-9

策划编辑:马晓波　钱翠翠　　　　装帧设计:张同龙　孟献辉
责任编辑:马晓波　钱翠翠　李月跃　美术编辑:李　军
责任印制:陈　如　孟献辉

版权所有　侵权必究
反盗版、侵权举报电话:0551－65106311
外埠邮购电话:0551－65107716
本书如有印装质量问题,请与印制管理部联系调换。
印制管理部电话:0551－65106311

前言

习近平总书记在全国教育大会上指出：培养什么人，是教育的首要问题。要把立德树人融入思想道德教育、文化知识教育、社会实践教育各环节，培养德智体美劳全面发展的社会主义建设者和接班人。国务院《关于加快发展现代职业教育的决定》强调："在保障学生技术技能培养质量的基础上，加强文化基础教育，实现就业有能力、升学有基础。"

以初中为起点的五年制高等职业教育，主要培养兼具较高文化素质和专业技术技能的专门人才。"语文"作为五年制高职教育各专业必修的公共基础课，是学习文化基础课和专业技能课的基础与前提。

为提高五年制高职学生的文化素质，确保五年制高等职业教育质量，我们编写了本套教材。

一、宗旨与目的

本套教材的编写宗旨与目的为：以美育为主线，以能力为核心。

(1) 体现育人功能，使学生能够努力向真、向善，做一个讲诚信、有道德的人。

(2) 提升审美能力，使学生善于发现美、鉴赏美，做一个爱生活、有品味的人。

(3) 强调思辨能力，使学生能够思考、规划人生，做一个思进取、有追求的人。

(4) 提高实践能力，使学生能听会说、爱读善写，做一个能学习、善表达的人。

二、框架安排

本套教材分四册，每册5个单元，每单元选文5篇，以内容主题为划分标准。每单元后面分别安排"口语交际训练""应用写作""基础写作"和"综合实践活动"等内容，从听、说、读、写等方面对学生进行专题训练。另外，每本书最后都有附录，内容主要是一些常识性、法规性和工具性的知识，以拓展学生的视野，提升他们的综合能力水平。

三、选编原则

1. 内容经典性与当代性的融合

(1)教育的本质首先是接受，是传承，是将受教育者变成有历史感、有深度的人。经典是经过几代人的淘洗筛选得来的，代表了我们无法逾越的历史和必须了解的传统。其次，从经典的定义来看，经典同时体现着复杂的价值、立场、趣味。当某一作品所包含的信息、所传达的经验具有普适性时，它成为经典的可能性就越大，对个体的塑造功能也越大。

(2)语文教育的目的主要不是让学生去读史讲典，而是学会以汉语语言为工具，毫无阻隔地融入到当下的生活之中。而最便捷的方式无过于将当代作品引入教材，它意味着将当代人的生活、精神与价值引入课堂，将当代的文体、文风、语言状况与表达方式引入课堂。

2. 内容地方性与世界性的统一

(1)地方性是本套教材的特色之一，首先是立足地方，了解自己，然后才能更好地了解世界。第一册第一单元选编内容以安徽省为对象，内容包括安徽的自然风光、风土人情、非物质文化遗产等。

(2)适当选取了外国文学作品，帮助学生了解普适性的价值追求，同时能够接受、思考差异性的存在。开阔视野，了解部分国外习俗文化等。

3. 内容的深度与适切度的调合

考虑到五年制高职学生特点，既选了经典美文，发挥经典文本引领作用，提高学生文本鉴赏能力，又选择了一些浅显易懂、富有情趣的文章，提高学生的阅读兴趣。

　　本套教材的编写者均为一线教师，具有丰富的教学经验，希望能为五年制高职教育奉献自己的一份力量，为广大五年制高职学生的成长贡献自己的光与热。

　　教材编写过程中，我们学习参考了有关资料，对于资料的原作者，谨表深深的谢意。

　　由于时间仓促，书中可能会有不妥之处，恳请广大师生在使用过程中提出宝贵意见，以便我们及时进行修订。

编者

2019 年 5 月

目录

第一单元　印象安徽

1　黄山记 ··· 徐迟 / 004

2　贵池傩 ·· 余秋雨 / 013

3　邓稼先 ·· 杨振宁 / 022

4　钟灵毓秀灵璧石 ······································ 杨存良 / 030

5　故乡的黄梅戏 ·· 周代进 / 036

口语交际训练：自我介绍 ·································· 040

第二单元　拥抱友谊

6　拣麦穗 ··· 张洁 / 048

7　友情 ·· 沈从文 / 054

8　我们这一代人的友谊 ································· 肖复兴 / 061

9　论友谊 ··· 培根 / 067

10　祭陈同甫文 ·· 辛弃疾 / 074

应用文写作：便条、单据 ·································· 078

第三单元　为学之道

11　幼学纪事 ·· 于是之 / 088

12　孩子为什么一定要上学 ····················· 大江健三郎 / 101

13　获得教养的途径 ······························ 赫尔曼·黑塞 / 107

14　读书人是幸福人 ······································ 谢冕 / 113

15　《学记》三则 ·· 116

口语交际训练：朗诵 ·· 119

第四单元　风华少年

16　做个唐朝少年郎 ···································· 潘向黎 / 132

17　中华少年 ··· 李少白 / 136

18　白雪少年 ··· 林清玄 / 140

19　林黛玉进贾府 ·· 曹雪芹 / 145

20　少年中国说（节选） ································· 梁启超 / 160

基础写作：记叙文（写人） ································ 164

第五单元　志存高远

21　毛泽东词二首 ··· 174

22　我有一个梦想 ······································ 马丁·路德·金 / 179

23　北大是我美丽羞涩的梦 ································ 王海桐 / 186

24　我的故事以及背后的中国梦 ·························· 白岩松 / 195

25　相信未来 ·· 食指 / 204

综合实践活动：话剧 ·· 209

附　录

附录一　普通话常用知识 ·· 227

附录二　中国书画常用知识 ·· 232

第一单元

印象安徽

单元导语

作家柯灵说，人第一眼看见的世界——几乎是世界的全部，就是生我育我的乡土。安徽，于康熙六年(1667)建省，省名取当时安庆、徽州二府的首字合成，因境内有皖山、春秋时期有古皖国而简称"皖"。"皖江澎湃八百里，淮河生息五千年。到徽州人间无梦，登黄山天下无山。"安徽历史悠久、底蕴丰厚，拥有丰富的文化遗产。

本单元围绕"印象安徽"这一主题选取了5篇文章，或表现黄山奇妙绝美的景色，或表达对国之瑰宝灵璧石的赞美之情，或记述安徽的骄傲邓稼先的感人事迹、伟大品格……无论哪一篇都可以给我们人文荟萃、人杰地灵的安徽印象。《黄山记》构思独特，写法新颖，以赞美这伟大时代的黄山之美，抒发对祖国壮丽河山的热爱。《贵池傩》，作者考察、介绍、了解、思考了傩戏的今昔概况和未来走向，是一篇探讨中华民族精神史的文化散文。《邓稼先》是一篇记人传记型文章，作为安徽人的骄傲，邓稼先的一生凝聚了伟大的民族精神、民族感情，让人肃然起敬。《钟灵毓秀灵璧石》介绍作为国之瑰宝的灵璧石，让世界更加了解安徽的奇石，了解大自然的天然馈赠。《故乡的黄梅戏》通过表现对大家耳熟能详的黄梅戏的喜爱，再现对故乡的魂牵梦萦之情。

本单元口语交际训练安排了自我介绍，通过介绍自我介绍的技巧、自我介绍的忌讳、自我介绍的形式，让学生学会有效地介绍自己。

1 黄山记[①]

徐　迟

•课文导读•

"五岳归来不看山，黄山归来不看岳。"黄山的美，举世无双；描写黄山的诗文，不胜枚举。《黄山记》是一篇以写景为主的游记散文，文章不像一般游记那样，先从登山写起，而是居高临下，气势磅礴地从大自然如何安排这一处胜境的角度去写。作者跳出就山写山的局限，写几千年来人们攀登黄山的简史，以烘托一个"险"字，真是出人意料。最后正面写山景，又突破由近及远或由下而上的一般写法，有重点地写了几种景物，赞叹大自然的崇高卓越，赞美祖国的大好河山，赞美这伟大的时代，激发起人们对祖国壮丽河山的热爱。

《黄山记》是一篇构思谋篇自出机杼的佳作。全文热情奔放，文笔酣畅，大开大合，挥洒自如，色彩浓烈，语言华美，读后能对黄山的雄姿奇景留下深刻的印象。以写报告文学《哥德巴赫猜想》著称于世的徐迟，怎样以他恢宏的"大手笔"写出了黄山的美，怎样以他不落前人窠臼的独特构思显示了他雄奇奔放的风格，这是我们学习这篇课文的重点。

一

大自然是崇高、卓越而美的。它煞费心机，创造世界。它创造了人间，

[①]　选自《徐迟散文选集》（上海文艺出版社1979年版），有改动。徐迟（1914—1996），浙江吴兴人，著名诗人、报告文学作家。主要散文集有《徐迟散文选集》《法国，一个春天的旅行》《愉快的和不愉快的散文集》等。报告文学代表作有《哥德巴赫猜想》《生命之树常绿——徐迟报告文学选》等。

还安排了一处胜境。它选中皖南山区。它是大手笔,用火山喷发的手法,迅速地,在周围一百二十公里,面积千余平方公里的一个浑圆的区域里,分布了这么多花岗岩的山峰。它巧妙地搭配了其中三十六大峰和三十六小峰。高峰下临深谷;幽潭傍依天柱。这些朱砂的、丹红的、紫褐色的群峰,前拥后簇,高矮参差。三个主峰,高风峻骨,鼎足而立,撑起青天。

这样布置后,它打开了它的云库,拨给这区域的,有倏来倏去的云,扑朔迷离①的雾,绮丽多采②的霞光,雪浪滚滚的云海。云海五座,如五大洋,汹涌澎湃。被雪浪拍击的山峰,或被吞没,或露顶巅,沉浮其中。然后,大自然又毫不悭吝③地赐予几千种植物。它处处散下了天女花和高山杜鹃。它还特意委托风神带来名贵的松树树种,播在险要处。黄山松铁骨冰肌;异萝松天下罕见。这样,大自然把紫红的峰,雪浪云的海,虚无缥缈的雾,苍翠的松,拿过来组成了无穷尽的幻异的景。云海上下,有三十六源,二十四溪,十六泉,还有八潭,四瀑。一道温泉,能治百病。各种走兽之外,又有各种飞禽。神奇的音乐鸟能唱出八个乐音。希世的灵芝草,有珊瑚似的肉芝。作为最高的奖励,它格外赏赐了只属于幸福的少数人的,

迎客松

---

① 【扑朔迷离】原指模糊不清,很难辨别是雄是雌,后来形容事情错综复杂,不易看清底细。扑朔,指兔脚乱动;迷离,指眼睛半闭。

② 【绮丽多采】灿烂美丽。

③ 【悭吝(qiān lìn)】过分爱惜,舍不得拿出自己的东西。

极罕见的摄身光。这种光最神奇不过。它有彩色光晕如镜框,中间一明镜可显见人形。三个人并立峰上,各自从峰前摄身光中看见自己的面容身影。

这样,大自然布置完毕,显然满意了,因此它在自己的这件艺术品上,最后三下两下,将那些可以让人从人间步入胜境去的通道全部切断,处处悬崖绝壁,无可托足。它不肯随便把胜境给予人类。它封了山。

二

鸿蒙①以后多少年,只有善于攀援的金丝猴来游。以后又多少年,人才来到这里。第一个来者黄帝②,一来到,黄山命了名。他和浮丘公、容成子上山采药。传说他在三大主峰之一,海拔一八四〇公尺的光明顶之傍,炼丹峰上,飞升了。

又几千年,无人攀登这不可攀登的黄山。直到盛唐,开元天宝年间,才有个诗人来到。即使在猿猴愁攀登的地方,这位诗人也不愁。在他足下,险阻山道挡不住他。他是李白。他逸兴③横飞,登上了海拔一八六〇公尺的莲花峰,黄山最高峰的绝顶。有诗为证:丹崖夹石柱,菡萏金芙蓉。伊惜升绝顶,俯视天目松。李白在想象中看见,浮丘公引来了王子乔,"吹笙舞风松"。他还想"乘桥蹋彩虹",又想"遗形入无穷",可见他游兴之浓。

又数百年,宋代有一位吴龙翰,"上丹崖万仞之巅④,夜宿莲花峰顶。霜月洗空,一碧万里⑤"。看来那时候只能这样,白天登山,当天回不去,得在山顶露宿,也是一种享乐。

可是这以后,元明清数百年内,极大多数旅行家都没有能登上莲花峰顶。

---

① 【鸿蒙】旧指宇宙形成以前的混沌状态。
② 【黄帝】传说中中原各族的共同祖先。
③ 【逸兴】超逸豪放的意兴。
④ 【万仞之巅】形容很高的山峰。仞,古代八尺或七尺叫作一仞。
⑤ 【一碧万里】这里形容整个天空是碧蓝色的。

汪瓘以"从者七人,二僧与俱",组成一支浩浩荡荡的登山队,"一仆前持斧斤,剪伐丛莽,一仆鸣金继之,二三人肩糗①执剑戟以随"。他们只到了半山寺,狼狈不堪,临峰翘望,败兴而归。只有少数人到达了光明顶。登莲花峰顶的更少了。而三大主峰中的天都峰,海拔只有一八一〇公尺,却最险峻,从来没有人上去过。那时有一批诗人,结盟于天都峰下,称天都社。诗倒是写了不少,可登了上去的,没有一个。

登天都,有记载的,仅后来的普门法师②、云水僧③、李匡台、方夜和徐霞客④。

三

白露之晨,我们从温泉宾馆出发。经人字瀑,看到了从前的人登山之途,五百级罗汉级。这是在两大瀑布奔泻而下的光滑的峭壁上琢凿出来的石级,没有扶手,仅可托足,果然惊险。但我们现在并不需要从这儿登山。另外有比较平缓的,相当宽阔的石级从瀑布旁侧的山林间,一路往上铺砌。我们甚至还经过了一段公路,只是它还没有修成。一路总有石级。装在险峻地方的铁栏杆还很结实;红漆了,更美观。林业学校在名贵树木上悬挂小牌子,写着树名和它们的拉丁学名,像公园里那样的。

过了立马亭、龙蟠坡,到半山寺,便见天都峰挺立在前,雄峻难以攀登。这时山路渐渐的陡峭,我们快到达那人间与胜境的最后边界线了。

然而,现在这边界线的道路全是石级铺砌的了,相当宽阔,直到天都峰趾。仰头看吧!天都峰,果然像过去的旅行家所描写的"卓绝云际"。他们来到

---

① 【糗(qiǔ)】干粮。

② 【普门法师】明代高僧。

③ 【云水僧】寺院把游方僧人称为"云水僧"。

④ 【徐霞客】(1587-1641),名弘祖,字振之,号霞客,南直隶江阴(江苏江阴人)。明末地理学家、探险家、旅行家和文学家。他经40年考察撰成260多万字的(遗失200多万字,现只剩下60多万字)《徐霞客游记》。

这里时，莫不"心甚欲往"。可是"客怨，仆泣"，他们都被劝阻了。"不可上，乃止"，他们没上去。方夜在他的《小游记》中写道："天都险莫能上。自普门师蹑其顶，继之者惟云水僧一十八人集月夜登之，归而几堕崖者已四。又次为李匡台，登而其仆亦堕险几毙。自后遂无至者。近蹑其险而至者，惟余侣耳。"

那时上天都确实险。但现今我们面前，已有了上天的云梯。一条鸟道，像绳梯从上空落下来。它似乎是无穷尽的石级，等我们去攀登。它陡则陡矣，累亦累人，却并不可怕。石级是不为不宽阔的，两旁还有石栏，中间挂铁索，保护你。我们直上，直上，直上，不久后便已到了最险处的鲫鱼背。

那是一条石梁，两旁削壁千仞。石梁狭仄，中间断却。方夜到此，"稍栗"。我们却无可战栗，因为鲫鱼背上也有石栏和铁索在卫护我们。这也化险为夷了。

如是，古人不可能去的，以为最险的地方，鲫鱼背、阎王坡、小心壁等等，今天已不再是艰险的，不再是不可能去的地方了。我们一行人全到了天都峰顶。千里江山，俱收眼底；黄山奇景，尽踏足下。

我们这江山，这时代，正是这样，属于少数人的幸福已属于多数人。虽然这里历代有人开山筑道，却只有这时代才开成了山，筑成了道。感谢那些黄山石工，峭壁见他们就退让了，险处见他们就回避了。他们征服了黄山。断崖之间架上桥梁，正可以观泉赏瀑。险绝处的红漆栏杆，本身便是可羡的风景。

胜境已成为公园，绝处已经逢生。看呵，天都峰、莲花峰、玉屏峰、莲蕊峰、光明顶、狮子林，这许多许多佳丽处，都在公园中。看呵，这是何等的公园！

四

只见云气氤氲来，飞升于文殊院、清凉台，飘拂过东海门、西海门，弥漫于北海宾馆、白鹅岭。如此之漂泊无定；若许之变化多端。毫秒之间，景物不同；同一地点，瞬息万变。一忽儿阳光普照；一忽儿雨脚奔驰。却永有云雾，飘去浮来；整个的公园，藏在其中。几枝松，几个观松人，溶出溶入；一幅幅，有似古山水，笔意简洁。而大风呼啸，摇撼松树，如龙如凤，显出它们矫健多姿。它们的根盘入岩缝，和花岗石一般颜色，一般坚贞。它们有风修剪的波浪形的华盖；它们因风展开了似飞翔之翼翅。从峰顶俯视，它们如苔藓，披覆住岩石；从山腰仰视，它们如天女，亭亭而玉立。沿着岩壁折缝，一个个的走将出来，薄纱轻绸，露出的身段翩然起舞。而这舞松之风更把云雾吹得千姿万态，令人眼花缭乱。这云雾或散或聚；群峰则忽隐忽现。刚才还是倾盆雨、迷天雾，而千分之一秒还不到，它们全部停住、散去了。庄严的天都峰上，收起了哈达；俏丽的莲蕊峰顶，揭下了蝉翼似的面纱。阳光一照，丹崖贴金。这时，云海滚滚，如海宁潮来，直拍文殊院宾馆前面的崖岸。朱砂峰被吞没；桃红峰到了波涛底。耕云峰成了一座小岛；鳌鱼峰游泳在雪浪花间。波涛平静了，月色耀眼。这时文殊院正南前方，天蝎星座的全身，如飞龙一条，伏在面前，一动不动，等人骑乘，便可起飞。而当我在静静的群峰间，暗蓝的宾馆里，突然睡醒，轻轻起来，看到峰峦还只有明暗阴阳之分时，黎明的霞光却渐渐显出了紫蓝青绿诸色。初升的太阳透出第一道光芒。从未见过这鲜红如此之红；也未见过这鲜红如此之鲜。一刹那火球腾空；凝眸处彩霞掩映。光影有了千变万化；空间射下百道光柱。万松林无比绚丽；云谷寺豪光四射。忽见琉璃宝灯一盏，高悬始信峰顶。奇光异彩，散花坞如大放焰火。焰火正飞舞，那暗鸣变色、叱咤的风云又汇聚起来。笙管齐鸣，山呼谷应。风急了，西海门前，雪浪滔滔。而排云亭前，好比一座繁忙的海港，码头上装卸着一包包柔软的货物。我多么想从这儿扬帆出海去，可是暗礁多，浪这样险恶，准可以撞碎我的帆桅，打翻我的船。我穿过密林小径，奔上左数峰。上有平台，可以观海。但见浩瀚一片，了无边际，海上蓬莱，尤为诡奇。我又穿过更密的林子，翻过更奇的山峰，蛇行经过更险的悬崖，踏进更深的波浪。一苇可航，我到了海心的飞来峰上。游兴更深了，我又踏上云层，到那黄山图上没有标志，在任何一篇游记之中无人提及，根本没有石级，没有小径，没有航线，没有方向的云中。仅在岩缝间，松根中，雪浪摺皱里，载沉载浮①，我到海外去了。浓云四集，八方茫茫。忽见一位药农，告诉我，这里名叫海外五峰。他给我看黄山的最高荣誉，一枝灵芝草，头尾花茎俱全，色泽鲜红像珊瑚。他给我指点了道路，自己缘着绳子下到数十丈深谷去了。他在飞腾，在荡秋千。黄山是属于他的，属于这样的药农的。我又不知穿过了几层云，盘过几重岭，发现我在炼丹峰上，光明顶前。大雨将至，我刚好躲进气象站里。黄山也属于他们，这几个年轻的科学工作者。他们邀我进入他们的研究室。倾盆大雨倒下来了。这时气象工作者祝贺我，因为将看到最好的景色了。那时我喘息甫②定，他们却催促我上观察台去。果然，雨过天又青。天都突兀而立，如古代将军。绯红的莲花峰迎着阳光，舒展了一瓣瓣的含水的花瓣。轻盈的云海隙处，看得见山下晶晶的水珠。休宁的白岳山，青阳的九华山，临安的天目山，九江的匡庐山。远处如白炼一条浮着的，正是长江。这时彩虹一道，挂上了天空。七彩鲜艳，银海衬底。妙极！妙极了！彩虹并不远，它近在眼前，就在观察台边。不过十步之外，虹脚升起，跨天都，直上青空，至极远处。仿佛可以从这长虹之脚，拾级而登③，临虹款步④，俯览江山。而云海之间，忽生宝光。松影之荫，琉璃一片，闪闪在垂虹下，离我只二十步，探手可得。它光彩异常。它中间晶莹。它的比彩虹尤其富丽的镜圈内有面镜子。摄身光！摄身光！

这是何等的公园！这是何等的人间！

---

① 【载沉载浮】又沉又浮。载，又。
② 【甫（fǔ）】刚刚。
③ 【拾级而登】逐步登阶，轻步而上。
④ 【临虹款步】到彩虹上面慢慢走动。

练习与思考

一、给下列加点字注音

绮丽（　　）　　悭吝（　　　）　　糗（　　　）　　龙蟠坡（　　　）

氤氲（　　　）　　菡萏（　　　）　　喑呜（　　　）　　摺皱（　　　）

二、阅读课文，思考问题

1. 作者为什么要用拟人的手法，把大自然作为主人来描写，它是怎样安排黄山的呢？

2. 文中对"云海"的描写用的是什么手法，有什么作用？

3. 请在文中找出写山这一部分的词语，用一个字来概括黄山"山"的特点。

4. 作者写大自然对黄山的"赏赐"，列举了云、松、音乐鸟、灵芝、肉芝和摄身光等，这是黄山所特有的，因而就突出了黄山的"奇"，你是如何理解的？

5. 写黄帝在这里飞升是"传说"，和李白等人有诗文留下为证，显然不同，为什么要选用"传说"这一材料呢？

6. 写李白等人的诗、文有什么作用？

三、知识拓展

　　明朝旅行家徐霞客登临黄山时,曾对黄山的秀丽这样赞叹:"薄海内外之名山,无如徽之黄山。"美好的山水融入一笔一画之中,最后形成美好的文字。让诗情画意妆点这天地孕育出的精灵,体味黄山的美丽,天地的灵动。学完本文后,请以"黄山美景颂"为主题,收集古今名人描绘黄山的诗词歌赋,在班级里办个小展览。

四、读读记记。

　　1.五岳归来不看山,黄山归来不看岳。　　　　　——【中国】明·徐霞客
　　2.峰奇石奇松更奇,云飞水飞山亦飞。　　　　　——【中国】清·魏源

2 贵池傩[①]

余秋雨

•课文导读•

贵池傩戏是安徽贵池古老稀有的汉族戏曲剧种之一，主要流行于佛教圣地九华山一带。据清代贵池人郎遂所编《杏花村志》记载，贵池傩戏源于对昭明太子的祭祀活动。明嘉靖《池州府志》对贵池傩戏活动内容也有较明确的记载。

本文主要探讨中华民族精神史，通过对贵池山区傩舞、傩戏的情况介绍，展露了我国历史上曾经盛行过的一种文化风俗，使人们真切地窥探到了一种古老的文化现象，呈现了中国古代社会的一个文明侧面，并警示我们要沿着科学的道路开创新世界。

我们会发现，作者不是一般性地介绍文化遗风，而是淋漓尽致地再现了傩事的场景，以崭新的视角来审视傩事，提醒人们不能沉湎于复旧之梦，需要重塑中华民族崇尚科学、进取发展的新形象。

一

傩，一个奇奇怪怪的字，许多文化程度不低的人也不认识它。它早已进入生僻字的行列，不定什么时候，还会从现代青年的知识词典中完全消失。

然而，这个字与中华民族的历史关系实在太深太远了。如果我们把目光

---

① 选自《文化苦旅》（知识出版社 1992 年版）。余秋雨（1946— ），浙江余姚人，当代著名文化学者、理论家、文化史学家、作家，主要作品有《余秋雨散文集》《山河之书》《戏剧理论史稿》等。

稍稍从宫廷史官们的笔端离开，那么，山南海北的村野间都会隐隐升起这个神秘的字：傩。

傩在训诂学上的假借、转义过程，说来太烦。它的普通意义，是指人们在特定季节驱逐疫鬼的祭仪。人们埋头劳作了一年，到岁尾岁初，要抬起头来与神对对话了。要扭动一下身子，自己乐一乐，也让神乐一乐了。要把讨厌的鬼疫①，狠狠地赶一赶了。对神，人们既有点谦恭畏惧，又不想失去自尊，表情颇为难做，干脆戴上面具，把人、神、巫、鬼搅成一气，在浑浑沌沌中歌舞呼号，简直分不清是对上天的祈求，还是对上天的强迫。反正，肃穆的朝拜气氛是不存在的，涌现出来的是一股蛮赫的精神狂潮：鬼，去你的吧！神，你看着办吧！

汉代，一次傩祭是牵动朝野上下的全民性活动，主持者和演出者数以百计，皇帝、大臣、一品至六品的官员都要观看，市井百姓也允许参与。

宋代，一次这样的活动已有千人以上参加，观看时的气氛则是山呼海动。

明代，傩戏演出时竟出现过万余人齐声呐喊的场面。

……

若要触摸中华民族的精神史，哪能置傩于不顾呢？

法国现代学者乔治·杜梅吉尔（Gerorges Dume'zil）提出过印欧古代文明的三元（tripartie）结构模式，以古代印度、欧洲神话中不约而同地存在着主神、战神、民事神作为印证。他认为这种三元结构在中国不存在，这似乎成了不可动摇的结论。但是，如果我们略为关注一下傩神世界，很快就发现那里有宫廷傩、军傩、乡人傩，分别与主神、战神、民事神隐隐对应着。傩，潜伏着中国古代社会最基本的几个文明侧面。

时间已流逝到20世纪80年代，傩事究竟如何了呢？平心而论，几年前

---

① 【鬼疫】古代迷信称施瘟疫的鬼。

刚听到目前国内许多地方还保留着完好的傩仪活动时，我是大吃一惊的。我有心把它当作一件自己应该关注的事来对待，好好花点功夫。

1987年2月，春节刚过，我挤上非常拥挤的长途汽车，向安徽贵池山区出发。据说，那里傩事挺盛。

二

从上海走向傩，毕竟有漫长的距离。田野在车窗外层层卷去，很快就卷出了它的本色。

水泥围墙、电线杆确实不少，但它们仿佛竖得有点冷清；只要是农民自造的新屋，便立即浑身土艳，与大地抱在一起，亲亲热热。兀地横过一条柏油路，让人眼睛一亮，但四周一看，它又不太合群。包围着它的是延绵不绝的土墙、泥丘、浊沟、小摊、店招。当日的标语已经刷去，新贴上去的对联钩连着一个世纪前的记忆。路边有几个竹棚干着"打气补胎"的行当，不知怎么却写成了"打胎补气"。

汽车一站站停去，乘客在不断更替。终于，到九华山进香的妇女成了车中的主体。她们高声谈论，却不敢多看窗外。窗外，步行去九华山的人们慢慢地走着，他们远比坐车者虔诚。

这块灰黄的土地，怎么这样固执呢？固执得如此不合时宜。它慢条斯理地承受过一次次现代风暴，又依然款款地展露着自己苍老野拙的面容。坟丘在一圈圈增加，纸幡飘飘，野烧隐隐；下一代闯荡一阵、焦躁一阵，很快又雕满木讷的皱纹。路边墙上画着外国电影的海报，而我耳边，已响起傩祭的鼓声……

这鼓声使我回想起30多年前。一天，家乡的道士正躲在一处做法事。乐声悦耳，礼仪彬彬，头戴方帽的道士在为一位客死异地的乡人招魂。他报着亡灵返归的沿途地名，祈求这些地方的冥官放其通行。突然，道士身后涌出一群人，是小学的校长带着一批学生。他们麻利地没收了全部招魂用具，厉声勒令道士到村公所听训。围观的村民被这个场面镇住了，那天傍晚吃晚饭的时候，几乎一切有小学生的家庭都发生了两代间的争论。父亲拍着筷子追打孩子，孩子流着眼泪逃出门外，三五成群地躲在草垛后面，想着课本上的英雄，记着老师的嘱咐，饿着肚子对抗迷信。月亮上来了，夜风正紧，孩子们抬头看看，抱紧双肩，心中比夜空还要明净：老师说了，这是月球，正围着地球在转；风，空气对流而成。

我实在搞不清是一段什么样的历史，使我小学的同学们，今天重又陷入宗教性的精神困顿。

我只知道一个事实：今天要去看的贵池傩仪傩戏，之所以保存得比较完好，却要归功于一位小学校长。

也是小学校长！

我静下心来，闭目细想，把我们的小学校长与他合成一体。我仿佛看见，这位老人在捉了许多次道士、讲了无数遍自然、地理、历史课之后，终于皱着眉头品味起身边的土地。接连的灾祸，犟韧的风俗，使他重新去捧读一本本史籍。熬过了许多不眠之夜，他慢吞吞地从语文讲义后抽出几张白纸，走出门外，开始记录农民的田歌、俗谚，最后，犹豫再三，他敲响了早已改行的道士家的木门。

但是，我相信这位校长，他绝不会出尔反尔，再去动员道士张罗招魂的典仪。他坐在道士身边听了又听，选了又选，然后走进政府机关大门，对惊讶万分的干部们申述一条条的理由，要求保存傩文明。这种申述十分艰难，直到来自国外的文化考察者的来访，直到国内著名学者也来挨家挨户地打听，他的理由才被大体澄清。

于是，我也终于听到了有关傩的公开音讯。

三

单调的皮筒鼓响起来了。

山村不大,村民们全朝鼓声涌去,那是一个陈旧的祠堂。灰褐色的梁柱上新贴着驱疫祈福的条幅,正面有一高台,傩戏演出已经开场。

开始是傩舞,一小段一小段的。这是在请诸方神灵,请来的神也是人扮的,戴着面具,踏着锣鼓声舞蹈一回,算是给这个村结下了交情。神灵中有观音、魁星、财神、判官,也有关公。村民们在台下一一辨认妥当,觉得一年中该指靠的几位都来了,心中便觉安定。于是再来一段《打赤鸟》,赤鸟象征着天灾;又来一段《关公斩妖》,妖魔有着极广泛的含义。其中有一个妖魔被追,竟逃下台来,冲出祠堂,观看的村民哄然起身,也一起冲出祠堂紧追不舍。一直追到村口,那里早有人燃起野烧,点响一串鞭炮,终于把妖魔逐出村外。村民们抚掌而笑,又闹哄哄地涌回祠堂,继续观看。

如此来回折腾一番,演出舞台已延伸为整个村子,所有的村民都已裹卷其间,仿佛整个村子都在齐心协力地集体驱妖。火光在月色下闪动,鞭炮一次次窜向夜空,确也气势夺人。在村

池州傩戏

民们心间,小小的舞台只点了一下由头,全部祭仪铺展得很大。他们在祭天地、日月、山川、祖宗,空间限度和时间限度都极其广阔,祠堂的围墙形同虚设。

接下来是演几段大戏。有的注重舞,有的注重唱。舞姿笨拙而简陋,让人想到远古。由于头戴面具,唱出的声音低哑不清,也像几百年前传来。有一重头唱段,由傩班的领班亲自完成。这是一位瘦小的老者,竟毫不化装,也无面具,只穿今日农民的寻常衣衫,在浑身披挂的演员们中间安稳坐下,

戴上老花眼镜，一手拿一只新式保暖杯，一手翻开一个绵纸唱本，咿咿呀呀唱将起来。全台演员依据他的唱词而动作，极似木偶。这种演法，粗陋之极，也自由之极。既会让现代戏剧家嘲笑，也会让现代戏剧家惊讶。

平心而论，演出极不好看。许多研究者写论文盛赞其艺术高超，我只能对之抱歉。演者全非专业，平日皆是农民、工匠，荒疏长久，匆促登台，腿脚生硬，也只能如此了。演者中有不少年轻人，应是近年刚刚着手。估计是在国内外考察者来过之后，才走进傩仪队伍中来的。本来血气方刚、手脚灵便的他们，来学这般稚拙动作，看来更是牵强。就年龄论，他们应是我小学同学的儿子一辈。

演至半夜，休息一阵，演者们到祠堂边的小屋中吃"腰台"。"腰台"亦即夜宵，是村民对他们的犒赏。屋中摆开三桌，每桌中间置一圆底锅，锅内全是白花花的肥肉片，厚厚一层油腻浮在上面。再也没有其他菜肴，围着圆锅的是十只瓷酒杯，一小坛自酿烧酒已经开盖。

据说，吃完"腰台"，他们要演到天亮。从日落演到日出，谓之"两头红"，颇为吉利。

我已浑身发困，陪不下去了，约着几位同行者，离开了村子。住地离这里很远，我们要走一程长长的山路。走着走着，我越来越疑惑：刚才经历的，太像一个梦。

四

翻过一个山岙①，我们突然被一排火光围困。

又惊又惧，只得走近前去。拦径者一律山民打扮，举着松明火把，照着一条纸扎的龙。见到了我们，也不打招呼，只是大幅度地舞动起来，使我们不解其意，不知所措。舞完一段，才有一位站出，用难懂的土音大声说道："听

---

① 【岙（àO）】浙江、福建等沿海一带称山间平地（多用于地名）。

说外来的客人到那个村子看傩去了,我们村也有,为什么不去?我们在这里等候多时!"

我们惶恐万分,只得柔声解释,说现在已是深更半夜,身体困乏,不能再去。山民认真地打量着我们,最后终于提出条件,要我们站在这里,再看他们好好舞一回。

那好吧,我们静心观看。在这漆黑的深夜,在这阒①无人迹的山坳间,看着火把的翻滚,看着举火把的壮健的手和满脸亮闪闪的汗珠,倒实在是一番雄健的美景,我们由衷地鼓起掌来。掌声方落,舞蹈也停,也不道再见,那火把,那纸龙,全都迤逦而去,顷刻消失在群兽般的山林中。

更像是梦,唯有鼻子还能嗅到刚刚燃过的松香味,信其为真。

我实在被这些梦困扰了。直到今天,仍然解脱不得。山村,一个个山村,重新延续起傩祭傩戏,这该算是一件什么样的事端?真诚倒也罢了,谁也改变不了民众真诚的作为;但那些戴着面具的青年农民,显然已不会真诚。文化,文化!难道为了文化学者们的考察兴趣,就让他们长久地如此跳腾?我的校长,您是不是把您的这一事业,稍稍做得太大了一点?

或许,也真是我们民族的自我复归和自我确认?那么,几百年的踉跄路程,竟都消失得无影无踪?

我们,相对于我们的祖先,总要摆脱一些什么吧?或许,我们过去摆脱得过于鲁莽,在这里才找到了摆脱的起点?要是这样,我们还要走一段多么可怕的长程。

傩祭傩戏中,确有许多东西,可以让我们追索属于我们的古老灵魂。但是,这种追索的代价,是否过于沉重?

前不久接到美国夏威夷大学的一封来信,说他们的刊物将发表我考察傩

---

① 【阒(qù)】空。

的一篇论文。我有点高兴，但又像做错了什么。我如此热情地向国外学术界报告着中国傩的种种特征，但在心底却又矛盾地珍藏着童年时的那个月夜，躲在草垛后面，用明净的心对着明净的天，痴想着月球的旋转和风的形成。

我的校长！真想再找到您，吐一吐我满心的疑问。

练习与思考

一、给下列加点字注音

傩（　　）　训诂学（　　）　兀地（　　）　虔诚（　　）　纸幡（　　）

木讷（　　）　咿呀（　　）　祠堂（　　）　犒赏（　　）　山岙（　　）

阒无人迹（　　　）　迤逦（　　　）　踉跄（　　　）

二、阅读课文，思考问题

1. 本文所叙述的傩的具体含义是什么？傩在中国古代文明史上具有怎样的影响？

2. 文中主要写不同时期的两位校长对傩事采取的不同态度，试着叙述一下。

3. 文章第三部分具体写傩戏的演出情形，作者有何感受？

4. 文章的结尾写村村有傩事和一天来的感受，你觉得有什么好处？

三、知识拓展

姚永昌在《也谈"贵池傩"——读余秋雨文后感》一文中质疑余秋雨笔下对乡傩的学术价值及文化内涵的认识的局限性,提出了一些客观、真实的信息,帮助人们准确、公允地认识贵池傩、评判贵池傩。学过本文后,请查阅相关资料,在班级举办一场以"我眼中的贵池傩"为主题的研讨会。

四、读读记记

1.人是有历史的动物。人的文化生活是一种世代相承愈积愈厚的历史联系;谁要想参加到这个联系中去通力协作,就必须对它的发展有所了解。

——【德国】文德尔班

2.对于人,什么最可爱呢?生活。因为我们的一切欢乐,我们的一切幸福,我们的一切希望,只与生活关联。 ——【俄国】车尔尼雪夫斯基

3 邓稼先[①]

杨振宁

·课文导读·

这是一篇科学家写科学家的文章，具有很多独特之处。一是起点高。作者把人物放在一个广阔的社会背景和历史背景之下，把人物的命运与国家的兴衰、民族的强弱联系起来，在一定的环境中表现人物的思想感情和个性特征。二是视角新。全文从不同的角度，写出了人物的经历、成就、思想品质和个性特征。三是人物形象丰满。作者从长远的历史角度审视邓稼先的一生，挖掘出邓稼先身上所凝聚着的民族精神、民族感情以及中国几千年传统文化的积淀，使邓稼先的形象具有厚实的基础。

阅读本文要根据邓稼先所处的社会历史环境，把握邓稼先的思想品质和个性特征，理解作者是从哪些角度、采用什么方法刻画邓稼先的形象的。

从"任人宰割"到"站起来了"

100年以前，甲午战争和八国联军时代，恐怕是中华民族五千年历史上最黑暗最悲惨的时代。只举1898年为例：

德国强占山东胶州湾，"租借"99年。

俄国强占辽宁旅顺大连，"租借"25年。

法国强占广东广州湾，"租借"99年。

[①] 选自《1995年中国散文精选》（长江文艺出版社1997年版）。杨振宁(1922—)，当代著名物理学家，曾与李政道共同获诺贝尔物理学奖。

英国强占山东威海卫与香港新界。前者"租借"25年，后者"租借"99年。那是任人宰割的时代，是有亡国灭种的危险的时代。

今天，一个世纪以后，中国人站起来了。

这是千千万万人努力的结果，是许许多多可歌可泣的英雄人物创造出来，在20世纪人类历史上可能是最重要的，影响最深远的巨大转变。

对这一巨大转变作出了巨大贡献的有一位长期以来鲜为人知^①的科学家——邓稼先（1924—1986）。

"两弹"元勋

邓稼先于1924年出生在安徽省怀宁县。在北平^②上小学和中学以后，于1945年自昆明西南联大毕业。1948年到1950年在美国普渡大学（Purdue University）读理论物理，得到博士学位后立即乘船回国，1950年10月到中国科学院工作。1958年8月被任命带领几十个大学毕业生开始研究原子弹制造的理论。

这以后的28年间邓稼先始终站在中国原子武器设计制造和研究的第一线，领导许多学者和技术人员，成功地设计了中国的原子弹和氢弹，把中华民族国防自卫武器引导到了世界先进水平：

邓稼先雕像

1964年10月16日中国爆炸了第一颗原子弹。

1967年6月17日中国爆炸了第一颗氢弹。

---

① 【鲜为人知】很少有人知道。鲜，少。

② 【北平】现在的北京。

这些日子是中华民族五千年历史上的重要日子，是中华民族完全摆脱任人宰割时代的新生日子！

1967年以后邓稼先继续他的工作，至死不懈，对国防武器作出了许多新的巨大贡献。

1985年8月邓稼先做了切除直肠癌的手术。次年3月又做了第二次手术。在这期间他和于敏联合署名写了一份关于中华人民共和国核武器发展的建议书。1986年5月邓稼先再做了第三次手术，7月29日因全身大出血而逝世。

"鞠躬尽瘁，死而后已。"正好准确地描述了他的一生。

邓稼先是中华民族核武器事业的奠基人和开拓者。张爱萍将军称他为"'两弹'元勋"，他是当之无愧的。

邓稼先与奥本海默

抗战开始以前的一年，1936年到1937年，稼先和我在北平崇德中学同学一年；后来抗战时期在西南联大我们又是同学。以后他在美国留学的两年期间我们曾住同屋，50年的友谊，亲如兄弟。

1949年到1966年我在普林斯顿高等学术研究所工作，前后17年的时间里所长都是物理学家奥本海默（Oppenheimer，1904—1967）。当时，他是美国家喻户晓的人物，因为他曾成功地领导战时美国的原子弹制造工作。高等学术研究所是一个很小的研究所，物理教授最多的时候只有5个人，包括奥本海默，所以我和他很熟识。

奥本海默和邓稼先分别是美国和中国原子弹设计的领导人，各是两国的功臣，可是他们的性格和为人却截然不同——甚至可以说他们走向了两个相反的极端。

奥本海默是一个拔尖的人物，锋芒毕露。他二十几岁的时候在德国哥廷根镇做波恩（Born，1882—1970）的研究生。波恩在他晚年所写的自传中说研究生奥本海默常常在别人做学术报告时（包括波恩做学术报告时），打断报告，走上讲台拿起粉笔说："这可以用底下的办法做得更好……"我认识奥本海默时他已 40 多岁了，已经是家喻户晓的人物了，打断别人的报告，使演讲者难堪的事仍然不时出现，不过比起以前要较少出现一些。

奥本海默的演讲十分吸引人。他善于辞令，听者往往会着迷。1964 年为了庆祝他 60 岁的生日，三位同事和我编辑了一期《近代物理评论》，在前言中我们写道：他的文章不可以速读。它们包容了优雅的风格和节奏，它们描述了近世科学时代人类所面临的多种复杂的问题，详尽而奥妙。

像他的文章一样，奥本海默是一个复杂的人。佩服他、仰慕他的人很多。不喜欢他的人也不少。

邓稼先则是一个最不要引人注目的人物。和他谈话几分钟，就看出他是忠厚平实的人。他真诚坦白，从不骄人。他没有小心眼儿，一生喜欢"纯"字所代表的品格。在我所认识的知识分子当中，包括中国人和外国人，他是最有中国农民的朴实气质的人。

我想邓稼先的气质和品格是他所以能成功地领导许许多多各阶层工作者为中华民族作了历史性贡献的原因，人们知道他没有私心，人们绝对相信他。

"文革"初期他所在的研究院（九院）成立了两派群众组织，对吵对打，和当时全国其他单位一样。而邓稼先竟有能力说服两派继续工作，于 1967 年 6 月成功地制成了氢弹。

1971 年，在他和他的同事们被"四人帮"批判围攻的时候，如果你和我去和工宣队、军宣队讲理，恐怕要出惨案。邓稼先去了，竟能说服工宣队、军宣队的队员。这是真正的奇迹。

邓稼先是中国几千年传统文化所孕育出来的有最高奉献精神的儿子。

邓稼先是中国共产党的理想党员。

我以为邓稼先如果是美国人，不可能成功地领导美国原子弹工程；奥本海默如果是中国人，也不可能成功地领导中国原子弹工程。当初选聘他们的人,钱三强和葛若夫斯(Groves),可谓真正有知人之明,而且对中国社会、美国社会各有深入的认识。

民族感情?友情?

1971年我第一次访问中华人民共和国。在北京见到阔别了22年的稼先。在那以前,于1964年中国原子弹试爆以后,美国报章上就已经再三提到稼先是此事业的重要领导人。与此同时还有一些谣言说1948年3月去了中国的寒春(中文名字,原名Joan Hinton)曾参与中国原子弹工程。(寒春曾于40年代初在洛斯阿拉姆斯(Los Alamos)武器实验室做费米(Fermi)的助手,参加了美国原子弹的制造,那时她是年轻的研究生。)

1971年8月在北京我看到稼先时避免问他的工作地点,他自己说"在外地工作",我就没有再问。但我曾问他,是不是寒春曾参加中国原子弹工作,像美国谣言所说的那样。他说他觉得没有,他会再去证实一下,然后告诉我。

1971年8月16日,在我离开上海经巴黎回美国的前夕,上海市领导人在上海大厦请我吃饭。席中有人送了一封信给我,是稼先写的,说他已证实了,中国原子武器工程中除最早于1959年底以前曾得到苏联的极少"援助"以外,没有任何外国人参加。

这封短短的信给了我极大的感情震荡,一时热泪满眶,不得不起身去洗手间整容。事后我追想为什么会有那样大的感情震荡,为了民族的自豪?为了稼先而感到骄傲?——我始终想不清楚。

"我不能走"

青海、新疆、神秘的古罗布泊,马革裹尸的战场。不知道稼先有没有想起我们在昆明时一起背诵的《吊古战场文》[①]:

---

① 【《吊古战场文》】唐代李华所作。

浩浩乎！平沙无垠，敻^①不见人。河水萦带，群山纠纷。黯兮惨悴，风悲日曛。蓬断草枯，凛若霜晨。鸟飞不下，兽铤亡群。亭长告余曰："此古战场也！常覆三军。往往鬼哭，天阴则闻！"

稼先在蓬断草枯的沙漠中埋葬同事、埋葬下属的时候不知是什么心情？

"粗估"参数的时候，要有物理直觉；筹划昼夜不断地计算时，要有数学见地；决定方案时，要有勇进的胆识，又要有稳健的判断。可是理论是否够准确永远是一个问题。不知稼先在关键性的方案上签字的时候，手有没有颤抖？

戈壁滩上常常风沙呼啸，气温往往在零下30多度。核武器试验时大大小小临时的问题必层出不穷。稼先虽有"福将"之称，意外总是不能免的。1982年，他做了核武器研究院院长以后，一次井下突然有一个信号测不到了，大家十分焦虑，人们劝他回去，他只说了一句话：我不能走。

假如有一天哪位导演要摄制邓稼先传，我要向他建议背景音乐采用"五四"时代的一首歌，我儿时从父亲口中学到的：

中国男儿　中国男儿

要将双手撑天空

长江大河亚洲之东　峨峨昆仑

古今多少奇丈夫

碎首黄尘燕然勒功^②　至今热血犹殷红

我父亲诞生于1896年，那是中华民族仍陷于任人宰割的时代。他一生都喜欢这首歌曲。

---

① 【敻（xiòng）】辽远。
② 【燕然勒功】亦称为"勒石燕然"，成语，典故名，意思是成为后世功臣名将向往的功业巅峰。勒，雕刻；勒功，把记功文字刻在石上，即刻石记功。这里指建立或成就功勋。

永恒的骄傲

稼先逝世以后，在我写给他夫人许鹿希的电报与书信中有下面几段话：

——稼先为人忠诚纯正，是我最敬爱的挚友。他的无私的精神与巨大的贡献是你的也是我的永恒的骄傲。

——稼先去世的消息使我想起了他和我半个世纪的友情。我知道我将永远珍惜这些记忆。希望你在此沉痛的日子里多从长远的历史角度去看稼先和你的一生，只有真正永恒的才是有价值的。

——邓稼先的一生是有方向、有意识地前进的。没有彷徨，没有矛盾。

——是的，如果稼先再次选择他的人生的话，他仍会走他已经走过的道路。这是他的性格与品质。能这样估价自己一生的人不多，我们应为稼先庆幸！

练习与思考

一、给下列加点字注音

氢弹（　　）　鞠躬尽瘁（　　　　）　难堪（　　）　无垠（　　）

夐（　　）　紫（　　）　曛（　　）　铤（　　）　勒（　　）　殷（　　）

二、阅读课文，思考问题

1. 为什么把邓稼先与奥本海默对比着写？请概述两人最本质的区别。

2. 作者将"任人宰割"与"站起来了"比照在一起表达了怎样的情感？

3. 为什么说奥本海默"佩服他、仰慕他的人很多。不喜欢他的人也不少"？

4. "邓稼先是中国几千年传统文化所孕育出来的有最高奉献精神的儿子","邓稼先是中国共产党的理想党员",试谈谈你对这两句话的理解,这两句话流露出作者什么样的思想感情?

5. 钱三强选聘邓稼先,葛若夫斯选聘奥本海默,其实这样的"伯乐"还很多,你能举出几个吗?

三、知识拓展

人物传记是记录人物生平的文字,它往往通过一些特殊事件来刻画人物的特殊贡献与精神品质和高尚情操。今天,我们学习了一篇介绍一位伟大科学家的作品,请选择你熟悉的一位安徽籍的科学家,结合多种人物描写的方法来刻画人物形象,把它写下来,以"我眼中的科学家"为主题,开展一次主题研讨会。

四、读读记记

1. 在人类的基本价值中,有一项久已被遗忘,它就是高贵。

——【中国】周国平

2. 与高贵的思想为伍的人,是决不会孤独的。

——【俄国】菲力蒲·西登尼夫

4 钟灵毓秀灵璧石[①]

杨存良

• 课文导读 •

灵璧石主产区在安徽省灵璧县渔沟镇、朝阳镇一带，位居中国四大名石（灵璧石、昆石、英石、太湖石）的首位。在1999年于昆明举办的世界园艺博览会上，灵璧石获金牌3枚、银牌6枚、铜牌12枚，位居世界参展奇石之首，成为名副其实的"天下第一石"。为此，灵璧石在海内外名声大振，成为中外奇石收藏家的首选。

本文主要介绍了灵璧石的分类、审美要素及形成原因等，说明灵璧石正在走向世界。灵璧石的开发利用，大有作为，蕴藏着丰富的天然文化和无限商机。

灵璧石是宿州独有的珍贵文化资源，形成于约8亿年前的震旦纪时期，彩泼墨染，千姿百态，声若青铜，温润如玉，或"瘦、透、漏、皱"，或"圆、蕴、雄、稳"，冠中国四大名石之首，是中华观赏石的瑰宝。灵璧石文

灵璧石

---

① 选自《十年脚印》（大众文艺出版社2010年版）。杨存良，《拂晓报》记者。

化更是历史悠久，源远流长，"灵璧一石天下奇，声如青铜色如玉"。一块石头售价几十万元、百万元已不鲜见，在美、德、法等国家博物馆均有供藏。灵通天籁、隽永石坛的灵璧石以其璀璨之光，辉映华夏辐射环宇，为中华及世界石文化谱写了绚丽多彩的篇章。

一

灵璧磬石早在殷商时期就被古人用来制作乐器"磬"，金声玉振，美妙清越，《尚书·禹贡》中即有"泗滨浮磬"记载。"磬"在古代属天子登基大典或郊庙祭祀专享专用，任何皇亲贵族均不得私造私藏。灵璧磬云山之阳，片石层迭，几千年来为开采制磬的石头宝矿。这种片状制磬毛石，被古人称为"磬石"。山之阴，块石天矫，千姿万态，是灵璧石的丛集之所，这里的"圣土汪"，乃北宋徽宗挖掘灵璧石的老坑。古人对磬云山之阴所产那些奇形怪状特具观赏价值的孤块石称"灵璧石"。"磬石"和"灵璧石"在赏石史上是两个含义不同的专有名词。"灵璧石"，因与"泗滨浮磬"同山同质同生，故备受追寻古风之儒家文人所钟爱，被赋予修身养性的灵物。我国第一部观赏石专著、宋人著的《云林石谱》，把灵璧石排列在全国116种观赏石的第一位。

纵观历史，古人留下了诸多赞美灵璧石的诗文佳话。宋饶节《向居卿新藏灵璧石歌》云："灵璧之石妙天下，奇姿异质穷变化。"方岩《磬石歌》云："灵璧一石天下奇，宝落世间何巍巍；声若青铜色碧玉，秀润四时岚岗翠。"范成大在《小峨眉》序中说："近得灵璧古石，绝似大峨正峰，名之曰小峨眉。东坡尝以名庐山，恐不若此石之逼真也。"苏轼《灵璧张氏园亭记》多处提及灵璧石，其喜爱可见一斑。米芾更是收藏多块灵璧石，并以此总结出"相石四法"理论。宋以后各代宫廷更是广收灵璧石。清乾隆皇帝最爱之，亲赐"天下第一石"之誉。现在蒲松龄故居藏有三块奇石，一块名为"海岳石"的灵璧石，系其好友毕际友罢官归田途中买得，两人都非常喜欢，时常在一起赏玩，为此蒲翁还疾笔赋诗一首："大人何浩伟，赎尔抱花冠。刺史归田日，余钱卖旧山。"他在《石谱》中记有:"灵璧石扣之声清,刀刮不动,能收香斋中之香烟终日不散。色黑如漆,纹细白如玉,不起峰。佳者如卧牛、菡萏、蟠螭。"

二

灵璧石作为博大精深、气韵高古的观赏石瑰宝,其自然美学和文化内涵是多元化的,具体表现在形体、肌质、纹理、色泽、音韵等诸多方面。灵璧石体态多姿,富有变化,或瘦、透、漏、皱,或圆、蕴、雄、稳,大者高达十余米重数百吨,一石成景,峥嵘窈窕;中者可度尺寸大小,或作园林点缀,或为厅堂清供;小者径不盈尺,可作手头把玩,米元章以八寸之灵璧石"研山"换得甘露寺旁一晋唐古宅,传为千秋佳话。灵璧石根据形象,又分为具象(象形)石和抽象石两大类。具象石即自然石体肖形状物,妙造天成,或如人物鸟兽,或如山水鱼虫等等。抽象石,即似是非是,朦胧恍惚,但其中潜在着迷人魅力。

"坚"是供石审美要素之一。灵璧石硬度一般在莫氏5至6度之间,保存性能高于他石,其肌理缜密,质素纯净,坚韧结实,具有分量感和温润感,其坚贞为供石之最,历来为赏石家著书称颂。沈钧儒先生有诗:"吾生尤爱石,谓是取其坚。""纹"是供石审美要素之二。灵璧石纹理丰富耐读,常见的有胡桃纹、蜜枣纹、蛛网纹、峰房纹、龟盖纹、指斗纹、柳枝纹、叠层纹、树皮裂、乱斧痕、弹子窝、蘑菇头、鲨鱼皮、珍珠纹等。也有的石肤圆润细腻、滑如凝脂者,人手把玩,怡心满怀。"色泽"与"音韵"也是观赏石重要的审美要素。灵璧石以青黑居多,近年随着新石种的出现,也不乏色彩斑斓、光怪陆离者,红如朝霞,绿如春茵,白如霁雪,黄如冷金,色彩随景就势,相得成趣,常有出人意料的佳品。音韵美乃灵璧石最大的特点,一块石头可发出多种美妙清越之音。唐人李勋诗云:"出水见贞质,在悬含玉音。"唐褚载诗云:"磨看粹色何殊玉,敲有奇声何异金。"

三

　　随着赏石热的升温，磬云山阴所产青黑色奇形"灵璧石"越来越少，石人们便向四周山下寻觅，近年也发现了不少极具观赏性的美石，因其产于灵璧县境内，世人亦统称其为"灵璧石"，这样"灵璧石"的外延便扩大了。目前，灵璧境内美石可分为六大类。一是磬石类（专指历史上称的狭义"灵璧石"），石色青黑可为"八音"，玲珑剔透，形态各异。二是龙鳞石类，俗称皖螺石，有红、灰、黄等种，石身有凹凸鳞状，规律排列无数条龙身形状。三是五彩灵璧石类，该石色彩鲜艳，有红、黄、褐等色，透润似玉，有声者特佳。四是透花石类，黑灰石底上生有动植物、山川、脸谱、文字、图画等图案，古相典雅。五是白灵璧石类，或一块纯白如玉，或在其他底色石上镶有白色如玉石头，此类原石很少，多是人为造型。六是龟纹石类，该石石质青黑坚硬，石肤有凹凸不平线条绘成的纹理，该石主要产于白马山下，现已近绝迹。

　　灵璧石美轮美奂，它究竟是怎样形成的呢？拂去神秘传说，较科学解释为，在距今8亿年前的震旦纪，灵璧是一片浅海，这里阳光充裕，生活着大量的浮游生物——藻类。浮游生物死亡后与海水中碳酸盐一起沉淀下来，由于地壳运动被深埋于地下，在地球内部温度、压力作用下固结成岩。混杂于其中的藻类由于成分的不同，就形成了各种色彩的花纹、图案。经过数亿年的地壳构造运动、风化和蚀变作用，岩层发生褶皱断裂，加之亿万年的雨水冲刷，使灵璧石形成了瘦、皱、漏、透等美学特点。科研机构对灵璧石化学成分进行分析，发现石内所含物质对人身体有益无害，长时把玩手摸可保健祛病，延年益寿。

四

　　20世纪80年代以来，特别是改革开放的今天，"旧时王谢堂前燕，飞入寻常百姓家"，人们玩赏灵璧石、收藏灵璧石、吟诵灵璧石活动日渐多起来。

其主产地渔沟镇有大小奇石经营户300多家，灵璧县亦建成奇石交易市场3个，奇石展销馆500多家，从业人员约2万人，每年采掘量在10万吨以上，年交易额近亿元，这为灵璧石产业的发展开辟了广阔前景。

经过自由挖掘、自发玩赏、交易阶段，市委、市政府及灵璧县委、县政府已意识到无序开发不利于灵璧石资源保护，不利于体现灵璧石价值，不利于灵璧石文化脉络延续，出台了《灵璧石保护办法》，决定每两年举办一次"灵璧石文化节"，以推动石文化与经济进一步融合。为促进灵璧石文化产业进一步发展，目前，在灵城建设了全国建筑面积最大、档次最高的灵璧石大市场。在渔沟镇建设了灵璧石国际交易中心和千亩万块灵璧石林。灵璧石博物馆项目也正在紧锣密鼓地筹备中。目前宿州及灵璧已初步形成东南亚地区最大的灵璧石经销集散地，年经营额数亿元。

"花若解笑还多事，石不能言最可人。"坚信灵璧石这美轮美奂、至雅至珍的人间瑰宝，必将奏响新时代新文化的新乐章。

练习与思考

一、给下列加点字注音

天籁（　　）　隽永（　　）　璀璨（　　）　磬石（　　）
辐射（　　）　米芾（　　）　蟠螭（　　）　菡萏（　　）
霁雪（　　）　峥嵘窈纱（　　　　）　缜密（　　）

二、阅读课文，思考问题

1. 文中说灵璧石作为观赏石瑰宝，其自然美学和文化内涵是多元化的，具体表现什么地方？

2. 文中灵璧境内美石可分为几种类型？分别有哪些？

3. 阅读全文后，结合相关资料说一说灵璧石的赏石标准有哪些。

三、知识拓展

按照收藏市场规律，藏品的市场价值往往由其文化价值和供给情况所决定。灵璧石具备的天然艺术品唯一性和资源不可再生性，也就具有了值得期待的升值空间。近年来，市场价值的飙升极大地刺激了灵璧石的收藏和开掘，当地群众视采石为致富途径，纷纷挖地觅石。由于灵璧石多产于地下深处，滥采乱挖不仅造成了灵璧石资源的盲目流失，而且对大量农田造成了破坏。由于存世的"老灵璧"多是体量巨大的园林景观，又多保存在如北京故宫、开封大相国寺、苏州网师园等名胜之地，能够上市的"老灵璧"十分罕见。为此，安徽省宿州市政府于2004年9月1日实施了《灵璧石资源管理暂行办法》，对管理体制、开采经营、保护利用、监督管理和法律责任等作出具体规定，灵璧县依据这一地方法规加大了管理力度，规范开采行为。假如你是灵璧石产地的一名学生，请以"绿水青山就是金山银山"为主题，开展一次志愿者活动，义务宣传《灵璧石资源管理暂行办法》。

四、读读记记

1. 只有服从大自然，才能战胜大自然。　　　　　　——【英国】达尔文
2. 大自然是善良的慈母，同时也是冷酷的屠夫。　　——【法国】雨果

5 故乡的黄梅戏[1]

周代进

·课文导读·

黄梅戏,旧称黄梅调或采茶戏,是中国五大戏曲剧种之一,也是与徽剧、庐剧、泗州戏并列的安徽四大优秀剧种之一。黄梅戏源于湖北、安徽、江西三省交界处黄梅一带的采茶调,分布地以安庆为中心,遍及中国。2006年,黄梅戏经国务院批准列入第一批国家级非物质文化遗产名录。本文作者通过对昔日家乡生活的点滴回忆,表现人们对黄梅戏的喜爱之情,表达了对故乡的难分难舍的依恋之情。

阅读本文后,你认为文中用"月亮走,我也走"这句歌词表达了作者一种怎样的故土情怀?它能不能换一种说法呢?

离开故乡已有25个年头,可故乡的黄梅戏却是"月亮走,我也走",一直盘旋在我的心头,牵动着思乡的心绪。

我的故乡在桐城县一个不起眼的小村庄,紧挨着严凤英的家乡,算得上是黄梅戏的源

黄梅戏人物

---

[1] 选自《散文百家》2009年第2期,有改动。

头,那里的一草一木、一山一水,都充满着黄梅戏的节拍和韵律,3岁的孩童唱出一段黄梅戏,是司空见惯的事;白发苍苍的老人,更是黄梅戏高手,不仅能唱,还能作出高难度表演,讲出"男花腔"[①]"女平词"[②]以及如何走好台步等戏曲理论。

记得在家乡种田的日子里,家乡的上空几乎每时每刻都飘浮着黄梅戏的声音。

白天劳作之时,由于那个时段"公社化"的氛围,人们通常是集中在一起干活,一边干活一边就不自觉地哼起了黄梅戏,尤其那七仙女"看人间,面朝黄土背朝天……"的小段,似乎每个人都感到这是对自己的真实写照,于是唱得深情、唱得悠扬、唱得够味、百唱不厌。在出工收工的途中,青年们走在空旷的田野中,总是情不自禁地放声高唱,你一段我一段,此起彼落;男高音女高音,遥相呼应,一切是那样的无拘无束,将人们劳作的困乏一扫而空。

夏夜纳凉之际,许多人不约而同地带着小凳子小凉床,来到村郊菱荷夹杂的塘边,不一会便哼唱起了黄梅戏,有独唱,有合唱,还有对唱,纳凉听唱的人,便将手中的芭蕉扇在腿上背上拍打蚊虫的同时,拍打出黄梅戏的节拍和鼓点,以作附和。夜深了,唱累了,有的开始打瞌睡,少数睡意未至的亢奋者,便和着轻风、和着菱香,高谈黄梅戏的起源与发展、人物和唱经,讲着许多黄梅戏的故事。那时候,每个夏夜仿佛都是黄梅戏的欣赏研讨之夜,人们在这欣赏和研讨中忘却了自我,忘却了时光,忘却了所有的忧愁和烦恼。

秋冬的夜晚,虽然人们很少聚集到塘边,但黄梅戏的声浪仍在夜空中流淌。如果你从村庄的这一端走到那一端,你一定会不时地停下脚步来,去寻找萦

---

① 【花腔】指基本唱腔加花,成为一种特定的华彩腔调。
② 【平词】又名"缓板""平板",为一板三眼。曲调严肃庄重、优美大方,变化多而适应性强。曲调的基本结构由起板、下句、上句、落板四个乐句组成。

绕飘渺在你身边的戏曲声。刚进村庄,你可能会听到那吹奏着黄梅戏曲调的悠扬笛声,向前走一段,又传来黄梅戏中的经典乐器二胡的拉奏声,偶尔还有口琴、手风琴等等。这些乐器发出的黄梅戏小段,在庄子的上空久久环绕,你辨不清她发自哪一家哪一户哪一个方向,一时间形成了世界上仅有的乡村自发的黄梅戏交响曲。

春节前夕,最是故乡黄梅戏的高潮。生产大队注定要挑选出二三十名戏技出众的农人,经过十几天的排练,一台演唱数小时的大小节目就非常完美了。新年伊始,则是各生产小队轮流搭起露天高台,请大队的"戏班子"来表演节目。虽然隆冬的夜晚,寒风使劲地吹,甚至天上飘下零星雪花,也赶不走那黑压压的不知从哪里赶来看戏的人群。

往事悠悠,如今我无论身在何处,只要哼起黄梅戏,就不再有"独在异乡为异客"的孤独,好像家乡就在自己的身旁,于是顿然充满自信和力量。

黄梅戏,故乡的情感在流淌!

练习与思考

一、阅读课文,思考问题

   1. 作者满含深情地回忆了有关"故乡的黄梅戏"的几个情景?请用自己的话简要概括。

   2. 文章有两段都用到了"自觉不自觉地"这个短语,试分析这个短语写出了人们对黄梅戏怎样的感情。

3. 你如何理解文中"只要哼起黄梅戏,就不再有'独在异乡为异客'的孤独"这句话?

二、知识拓展

中华优秀传统文化积淀了中华民族最深沉的精神追求,代表着中华民族独特的精神标识,是中华民族生生不息、发展壮大的丰厚滋养,是中国特色社会主义植根的文化沃土。在你身边也会有诸如黄梅戏一般让人难以忘怀的家乡文化吧?请简要介绍一下,表达准确、清晰,可以组织班级小组对抗赛。

四、读读记记

1. 没有文明的继承和发展,没有文化的弘扬和繁荣,就没有中国梦的实现。

——【中国】习近平

2. 不伴随力量的文化,到明天将成为灭绝的文化。 ——【英国】丘吉尔

口语交际训练：自我介绍

自我介绍是主动自我呈现、自我表达的过程，是人们成功进入社交大门的金钥匙。与人初次见面，一个巧妙的自我介绍无疑能够为你和陌生人之间搭起一座沟通的桥梁。每一个交际高手与陌生人交谈时，都知道如何巧妙地介绍自己，从而博得对方的好感。自我介绍体现了一个人基本的逻辑思维能力、语言表达能力和总结概括能力，我们应能够根据不同场合运用恰当的形式进行自我介绍。

一、自我介绍的技巧

自我介绍的基本程序是：先向对方点头致意，得到回应后再向对方介绍自己的姓名、身份等基本情况。自我介绍时，表情要坦然、亲切，注视对方，举止庄重大方，态度镇定而充满信心。如果见到陌生人就紧张、畏惧、语无伦次，不仅说不清自己的身份和来意，还会造成尴尬的局面。

自我介绍需注意以下三点：

1.要充分自信。现代交际学把自我介绍看作一种塑造自我形象和肯定自我价值的手段。如果连基本的自信都没有，怎么向初次见面的朋友介绍自己呢？自我介绍最重要的要求是自尊、自信、热情大方。要做到这一点，首先要认识到自我介绍在交际中的重要作用；其次要有充分准备，根据对象决定自我介绍的内容，重点突出，简明扼要。

2.要注意得体。所谓得体，就是能根据不同的对象、环境等调整介绍的内容与形式。要做到得体，需要事先了解一下对方的有关情况，诸如性格、爱好、特长等。在自我介绍的同时，要表现出自己渴望认识对方的热诚。值得注意的是，自夸型或自我炫耀式的介绍不足取。不分对象、场合，不厌其烦地介绍自己的头衔、经历、受奖情况，甚至为了突出自己而不惜贬低别人，这样的自我介绍必然导致交际的失败。在作自我介绍时，眼睛千万不要东张西望，四处游离，显出漫不经心的样子，这会给人做事随便、注意力不集中的感觉。眼睛最好要多注视对方，但也不能长久注视目不转睛。应尽量少加一些手的辅助动作，保持一种得体的姿态也是很重要的。

3. 要讲究礼仪。介绍语开头一般要有招呼语，如果无法确定该如何称呼对方，可以说"您好"。介绍完了还可以说"今天很高兴同您见面"。如果向对方提出了要求，应当说"请多关照"或"麻烦您了，对不起"等话。语调要亲切，热情大方，不卑不亢。介绍时，如对方站着，也应起立，点头致意。介绍时含笑注视对方的眼睛，用眼神表示友善和关怀，其效果往往胜于语言。如果有介绍人在场，应善于用眼神和微笑表达自己希望进一步了解和沟通的渴望。双方介绍完了，一般都要握手致意。需要指出的是，自我介绍应选择适当的时间，当对方无兴趣、无要求、心情不好或正在休息、用餐、忙于处理事务时，切忌去打扰，以免尴尬。

二、自我介绍的忌讳

1. 作自我介绍，应根据不同的对象，介绍内容繁简适度。自我介绍总的原则是简明扼要，一般以半分钟为宜，情况特殊的也不宜超过3分钟。自我介绍应该实事求是，既不能把自己拔得过高，也不要自卑地贬低自己。介绍用语一般要留有余地，不宜用"最""第一""特别"等极端的词语。

2. 不要过分夸张热诚。如大力握手或热情拍打对方等的动作，可能会使对方感到诧异和反感。

3. 不要中止他人的谈话而介绍自己，要等待适当的时机。

4. 不要态度轻浮，要尊重对方。无论男女都希望别人尊重自己，特别是别人尊重他的优点和成就，因此在自我介绍时，表情一定要庄重。

5. 如果一个以前曾经介绍过的人，未记起你的姓名，你不要作出提醒式的询问，最佳的方式是直截了当地再自我介绍一次。

三、自我介绍的形式

1. 客观叙述法。让事实说话，不加评述，客观地介绍自己的有关情况。完整的客观介绍一般包括招呼语、自述语和礼貌语几个部分。客观叙述法简明扼要，可靠而令人信服。

2. 自我评价法。在客观叙述的基础上略加恰当的评价，有利于对方对自己有更深入的了解。比如可以这样向新朋友自我介绍："我的朋友都说我是一个可以信赖的人。因为，我一旦答应别人的事情，就一定会做到。如果我做不到，我就不会轻易许诺。"或者说："我觉得我是一个比较随和的人，与不同的人都可以友好相处。在我与人相处时，我总是能站在别人的角度考虑问题。"略带评价的自我介绍能显示出介绍者的特征和自信，赢得对方的好感。

3. 风趣幽默法。有时不便正面对自己作介绍与评价，也可以采取风趣幽默的说法，在自嘲中透露出几分自信。如哑剧大师王景愚的自我介绍："我就是王景愚，表演《吃鸡》的那个王景愚。人称我是多愁善感的喜剧家，实在是愧不敢当，只不过是个'走火入魔'的哑剧迷罢了。……我不善于向自己所敬爱的人表达敬和爱，却善于向憎恶的人表达憎与恶……我虽然很执拗，却常常否定自己。……在事业上人家说我是敢于拼搏的强者，而在复杂的人际关系面前，我又是一个心无灵犀、半点不通的弱者，因此在生活中，我是交替扮演强者和弱者的角色。"

4. 色彩渲染法。一个人往往有多重性格、多种性情，就像一块调色板，各种颜色聚集于此，把自身的特点与这些颜色有机地结合、对应起来，既能使自我个性鲜明，又能让人耳目一新。比如初次见面可以这样向朋友自我介绍："我开朗、我热情、我自信！就像那火焰般的红色。谁有了困难，我会主动伸出援助之手……蓝色永远是我的主色调,宽容、大度,懂得谦让。因此,我在班上的人缘极好,人气也颇高……我喜欢粉色,因为它与我的性格一样,温和善良,同学们都喜欢和我交朋友……"也可以这样介绍:"我是一个色彩缤纷、五彩斑斓的人。有时爱激动,激情澎湃,就像那热烈的红色;有时宁静、安稳,又像那典雅的紫色;而有时对任何事情都充满期待,总是积极地去面对一切,真像那生机盎然的绿色……"

【案例】

新学期开始,某校机电技术专业一班的孙阳同学在题为"认识你,认识我"的主题班会上这样向同学介绍自己。

姓名:跟孙悟空同姓。

年龄:已是二八年华。

模样:扁脸扁鼻子,手大脚大像爸爸;浓眉黑眼珠子像妈妈,不高不矮,不胖不瘦。

优点:我刚拿着户口簿报名念书那天,老师就写了道题"3+1-5"考我,又连忙说:"出错了!"我一口气答出:"等于-1。"老师惊奇地问:"你知道什么叫负数?"我又说:"负数就是不够,还欠你的。"老师抚摸着我的头,微微笑了。多年来,我的学习手册上都写着:"学习好,劳动好,灵活。"同学们也夸我"有两下子",我会爬杆,会打乒乓球。班上的黑板报画画、写字都被我包了。我还爱看书,看完了就讲给朋友们听。我更爱学英语。以前,每天早晨我还在梦中,就被爸爸读英语的声音惊醒。我吵着要学,爸爸说:"早点学也好。"就这样,我坚持早晚跟爸爸学英语。坚持下来,成绩还不错,有机会,给你们露两下。

缺点:除老师的评语"上课不专心,下课爱打闹,有点骄傲自满"以外,爸爸还给我总结了好多条:学习要鞭子抽,脑细胞平平静静,好吃贪玩,出门就闯祸。

愿望：决心改掉缺点，自觉学习，以后争取当个大国工匠……

案例点评： 孙阳同学介绍自己，采用了近于列表式的方法逐项表达，简明清晰，语言运用很有特色。他根据介绍的目的和听众情况，妥善地处理了内容的详略：基本情况略说，优缺点详说，运用典型事例印证，给人印象深刻。

练一练

1. 请你在班级举行一次题为"趣说自己"的主题班会，要求：

（1）礼貌得体，举止大方。

（2）重点突出，详略得当。

（3）形式活泼新颖。

（4）语言幽默诙谐，展示自己的个性风采。

2. 在班级组织一次班干部竞选活动，假如你将要竞选班干部（职务自拟），准备一份包括自我介绍在内的竞选词，并在小组内试讲。

海内存知己,天涯若比邻。林肯说过,人生最美好的东西,就是他同别人之间的友谊。友谊是人与人相互交往中产生的一种纯洁而宝贵的感情结晶。真正的友谊建立在志同道合的基础上,只有共同的信念才能将人团结在一起,才能经得起考验。对于每个阶段的人来说,友谊都是重要的。只要明辨是非、待人以诚,一定能拥有真正的友谊。

本单元围绕"拥抱友谊"这一主题选取了5篇文章,或表现童年时代美好而纯真的友情,或表现知青时期这一特殊历史年代朋友间类似兄弟姐妹的真挚情意,或者表现士为知己者死的志同道合者的内心惋惜之痛……这些篇章无不诠释了真正的友谊的丰富内涵。《拣麦穗》写童年时代刻骨铭心、终生难忘的生活经历,细细品味爱的追寻。《友情》写作者与王际真、徐志摩的交往,展现真挚无私的友情。《我们这一代人的友谊》以知青这一群体特别的友情,表现北大荒人的情感和曾经的一代人的深情厚谊。《论友谊》是一篇思辨性随笔,重在启迪人们认真思考友谊到底有什么作用。《祭陈同甫文》以两人的深厚友情着墨,在悲痛和怀念的同时批判造成人才悲剧的社会本质。

本单元应用文写作为便条与单据,分别介绍了便条和单据的基本格式、写作要求等,以案例点评为引导,旨在让学生掌握基本的便条和单据写作方法。

6 拣麦穗①

张　洁

· 课文导读 ·

在生活中,每个人都希望能得到别人的爱。每个人都是一个追寻爱的小溪,而每个人又都是付出爱的源泉,千万条小溪汇聚成爱的海洋,这个世界才充满爱。流年似水,我们曾经有过的天真的想法、美丽的梦,却在与现实的碰撞中渐行渐远。

《拣麦穗》是一篇回忆童年生活的散文,描写了一个天真无邪的小女孩与一个饱经风霜的老人之间纯洁、动人而又妙趣横生的交往,他们之间的关系朴素而美好。这篇散文是一首无私之爱的颂歌,也是期望人心沟通的一声真诚呼唤。因为只有在充满爱和温情的世界中,人才可能变得更加纯洁、更加善良,世界也才会变得更加光明和美好。

在农村长大的姑娘,谁还不知道拣麦穗这回事。

我要说的,却是几十年前的那段往事。

或许可以这样说,拣麦穗的时节,也是最能引动姑娘们幻想的时节。

在那月残星稀的清晨,挎着一个空篮子,顺着田埂上的小路走去拣麦穗的时候,她想的是什么呢?

---

① 选自《现代散文鉴赏辞典》(上海辞书出版社2003年版,贾植芳主编)。张洁(1937—),祖籍辽宁抚顺,生于北京,当代著名作家,主要作品有《爱是不能忘记的》《祖母绿》《沉重的翅膀》《无字》《只有一个太阳》等。是我国第一个长篇、中篇、短篇小说都荣获国家大奖的作家,也是目前唯一获得两次茅盾文学奖的作家。

等到田野上腾起一层薄雾，月亮，像是偷偷地睡过一觉又悄悄地回到天边，她方才挎着装满麦穗的篮子，走回自家那孔窑的时候，她想的是什么呢？

唉，她还能想什么！

假如你没有在那种日子里生活过，你永远也无法想象，从这一棵棵丢在地里的麦穗上，会生出什么样的幻想。

收割后的麦田

她拼命地拣呐、拣呐，一个拣麦穗的时节也许能拣上一斗？她把这麦子卖了，再把这钱攒起来，等到赶集的时候，扯上花布、买上花线，然后，她剪呀、缝呀、绣呀……也不见她穿、也不见她戴。谁也没和谁合计过，谁也没和谁商量过，可是等到出嫁的那一天，她们全会把这些东西，装进她们新嫁娘的包裹里去。

不过当她们把拣麦穗时所伴着的幻想，一同包进包裹里的时候，她们会突然发现那些幻想全都变了味儿。觉得多少年来她们拣呀、缝呀、绣呀是多么傻。她们要嫁的那个男人和她们在拣麦穗、扯花布、绣花鞋的时候所幻想的那个男人，有多么的不同。

但是，她们还是依依顺顺地嫁了出去。只不过在穿戴那些衣物的时候，再也找不到做它们、缝它们时的情怀了。

这算得了什么呢？谁也不会为她们叹上一口气，谁也不会关心她们曾经有过的那份幻想，甚至连她们自己也不会感到过分的悲伤，顶多不过像是丢失了一个美丽的梦。有谁见过哪一个人会死乞白赖地寻找一个丢失的梦呢？

当我刚刚能够歪歪咧咧地提着一个篮子跑路的时候,我就跟在大姐姐的身后拣麦穗了。

对我来说,那篮子未免太大,老是磕碰着我的腿和地面,时不时就让我跌上一跤,我也少有拣满一篮子的时候。我看不见地里的麦穗,却总是看见蚂蚱和蝴蝶。而当我追赶它们的时候,好不容易拣到的麦穗,还会从篮子里重新掉进地里。

有一天,二姨看着我那盛着稀稀拉拉几个麦穗的篮子说:"看看,我家大雁也会拣麦穗了。"然后又戏谑地问我:"大雁,告诉二姨,你拣麦穗做啥?"

我大言不惭地说:"我要备嫁妆哩。"

二姨贼眉贼眼地笑了,还向围在我们周围的姑娘、婆姨睐了睐她那不大的眼睛:"你要嫁谁呀?"

是呀,我要嫁谁呢?我想起那个卖灶糖的老汉,说:"我要嫁给那个卖灶糖的老汉。"

她们全都放声大笑,像一群鸭子一样嘎嘎地叫着。笑啥嘛!我生气了。难道做我的男人,他有什么不体面的吗?

卖灶糖的老汉有多大年纪了?不知道。他脸上的皱纹一道挨着一道,顺着眉毛弯向两个太阳穴,又顺着腮帮弯向嘴角。那些皱纹,为他的脸增添了许多慈祥的笑意。当他挑着担子赶路的时候,他那剃得半个葫芦样的、后脑勺上的长长白发,便随着颤悠悠的扁担一同忽闪着。

我的话,很快就传进了他的耳朵。

那天,他挑着担子来到我们村,见到我就乐了。说:"娃呀,你要给我做媳妇吗?"

"对呀!"

他张着大嘴笑了,露出了一嘴的黄牙。他那长在半个葫芦样的头上的白发,也随着笑声一齐抖动着。

"你为啥要给我做媳妇呢?"

"我要天天吃灶糖呢。"

他把旱烟锅子往鞋底子上磕了磕,说:"娃呀,你太小哩。"

我说:"你等我长大嘛。"

他摸着我的头顶说:"不等你长大,我可该进土了。"

听了这话,我着急了。他要是死了,那可咋办呢?我那淡淡的眉毛,在满是金黄色的茸毛的脑门上拧成了疙瘩,我的脸也皱巴得像个核桃。

他赶紧拿块灶糖塞进我的手里。看着那块灶糖,我又咧嘴笑了:"你别死啊,等着我长大。"

他笑眯眯地答应着我:"我等你长大。"

"你家住在呵哒?"

"这担子就是我的家,走到呵哒,就歇在呵哒。"

我犯愁了:"等我长大上呵哒寻你去呀?"

"你莫愁,等你长大我来接你。"

这以后,每逢经过我们这个村,他总是带些小礼物给我。一块灶糖、一个甜瓜、一把红枣……还乐呵呵地对我说:"看看我的小媳妇来呀。"

我呢,也学着大姑娘的样子,让我娘找块碎布给我剪了个烟荷包,还让我娘在布上描了花样。我缝呀、绣呀……烟荷包绣好了,我娘笑得个前仰后合,说那不是烟荷包,皱皱巴巴地倒像个猪肚子。我让我娘给我收了起来,我说了,等我出嫁的时候,我要送给我男人。

我渐渐地长大了,到了知道认真地拣麦穗的年龄了。懂得了我说过的那些个话,都是让人害臊的话。卖灶糖的老汉也不再开那玩笑,叫我是他的小媳妇了。不过他还是常常带些小礼物给我。我知道,他真的疼我呢。

我不明白为什么,我倒真是越来越依恋他。每逢他经过我们村子,我都会送他好远。我站在土坎坎上,看着他的背影,渐渐地消失在山坳坳里。

年复一年，我看得出来，他的背更弯了，步履也更加蹒跚了。这时我真的担心了，担心他早晚有一天会死去。

有一年，过腊八节的前一天，我约摸着卖灶糖的老汉那一天该会经过我们村。我站在村口一棵已经落尽叶子的柿子树下，朝沟底下的那条大路上望着、等着。

那棵树的顶梢梢上，还挂着一个小火柿子。小火柿子让冬日的太阳一照，更是红得透亮。那柿子多半是因为长在太高的枝子上，才没让人摘下来。真怪，也没让风刮下来、让雨打下来、让雪压下来。

路上来了一个挑担子的人。走近一看，担子上挑的也是灶糖，人可不是那个卖灶糖的老汉了。我向他打听卖灶糖的老汉，他告诉我，卖灶糖的老汉老去了。

我仍旧站在那棵柿子树下，望着树梢上那个孤零零的小火柿子。它那红得透亮的色泽，依然给人一种喜盈盈的感觉。可是我却哭了。哭那陌生的，但却疼爱我的卖灶糖的老汉。

后来我常想，他为什么疼爱我呢？无非我是个贪吃的，因为丑陋而又少人疼爱的孩子吧。

等我长大以后，总感到除了母亲，再没有谁能够像他那样朴素地疼爱过我——没有任何希求、也没有任何企望的。

我常常想念他，也常常想要找到我那个像猪肚子一样的烟荷包。可是，它早已不知被我丢到哪里去了。

练习与思考

一、给下列加点字注音

蚂蚱（　　　）　磕碰（　　　）　山坳（　　　）　攒（　　　）

蹒跚（　　　）　戏谑（　　　）　腮帮（　　　）　睐（　　　）

呵哒（　　　）　田埂（　　　）　害臊（　　　）

二、阅读课文，思考问题

1. 文中的"我"和卖灶糖的老汉给读者留下了什么样的印象？

2. 文末对"小火柿子"的描写运用了什么表现手法？它有什么象征意义？寄托了作者怎样的思想感情？

3. 你认为文中"卖灶糖老汉"与"我"之间是怎样的一种爱？

4. "烟荷包"在文中寄托了作者的什么情感？"我"为什么"也常常想要找到我那个像猪肚子一样的烟荷包"呢？

5. 阅读全文后，你对"守护心灵的纯真"有什么新的感悟？试分析之。

三、知识拓展

阅读张洁的"大雁系列"作品，如《挖荠菜》《哪里去了，放风筝的姑娘》《梦》《我不是个好孩子》等，结合本文内容，体会作品的内在情感，写一篇感悟小品文。

四、读读记记

1. 儿童的天真和老人的理智是两个季节所结的果实。　　——【英国】布莱尔

2. 童年乃是人生的重要阶段。人的品性在童年开始形成。我们长大后成为什么样的人，取决于童年时的所学与所为。　　——【坦桑尼亚】夏巴尼

7 友情①

沈从文

·课文导读·

　　一生之中，我们除了有亲人，还有朋友。友情是我们生活中非常重要的存在，而同样的，在文学世界中，友情一样是一个永恒的主题。

　　徐志摩对沈从文有知遇之恩，多次提携、帮助过沈从文，沈从文曾说："尤其是徐志摩先生，没有他，我这时节也许照《自传》上所说到的那两条路选了较方便的一条，不到北平市去做巡警，就卧在什么人家的屋檐下，瘪了，僵了，而且早已腐烂了。"充分表达了对徐志摩的感恩之情。因此二人之间的友情真挚而浑厚。

　　一九八〇年十一月，我初次到美国哥伦比亚大学一个小型的演讲会讲话后，就向一位教授打听一哥大教中文多年的老友王际真②先生的情况，很想去看看他。际真曾主持哥大中文系达二十年，那个系的基础，原是由他奠定的。即以《红楼梦》一书研究而言，他就是把这部十八世纪中国著名小说节译本介绍给美国读者的第一人。人家告诉我，他已退休二十年了，独自一人住在大学附近一个退休教授公寓三楼中，后来又听另外人说，他的妻不幸早逝，

---

① 选自《中国当代名家情感散文集萃》（内蒙古文化出版社2010年版，张守贵编著）。沈从文（1902—1988），原名沈岳焕，湖南凤凰人（今属湘西土家族苗族自治州），现代著名作家、历史文物研究家、京派小说代表人物，代表作品有《边城》《中国古代服饰研究》等。
② 【王际真】（1899—?　），字稚臣，原籍山东省桓台，著名翻译家。

因此人很孤僻，长年把自己关在寓所楼上，既极少出门见人，也从不接受任何人的拜访，是个古怪老人。

我和际真认识，是在一九二八年。那年他由美返国，将回山东探亲，路过上海，由徐志摩①先生介绍我们认识的。此后曾继续通信。我每次出了新书，就给他寄一本去。我不识英语，当时寄信用的信封，全部

沈从文雕像

是他写好由美国寄我的。一九二九到一九三一年间，我和一个朋友生活上遭到意外困难时，还前后得到他不少帮助。际真长我六七岁，我们一别五十余年，真想看看这位老大哥，同他叙叙半世纪隔离彼此不同的情况。因此回到新港我姨妹家不久，就给他写了个信，说我这次到美国，很希望见到几个多年不见的旧友，如邓嗣禹②、房兆楹③和他本人。准备去纽约专诚拜访。

回信说，在报上已见到我来美消息。目前彼此都老了，丑了，为保有过去年青时节印象，不见面还好些。果然有些古怪。但我想，际真长期过着极端孤寂④的生活，是不是有一般人难于理解的隐衷⑤？且一般人所谓"怪"，

---

① 【徐志摩】（1897—1931），原名章垿，字槱森，浙江海宁人，留学英国时改名志摩，著名新月派现代诗人、散文家，倡导新诗格律，对新诗的发展作出了重要贡献，代表作有《再别康桥》等。
② 【邓嗣禹（sì yǔ）】（1905—1988），字持宇，湖南常宁人。1932年燕京大学毕业后，留学美国，是尼克松首次访华时的代表团成员之一。
③ 【房兆楹（yíng）】（1908—1985），国际知名中国史专家，研究领域侧重于明清史和中国近代史。
④ 【孤寂】形容一个人没有人陪伴，感到孤单寂寞。或内心没有着落的感觉。
⑤ 【隐衷】内心深处难以对人说的或不愿告诉人的苦衷。

或许倒正是目下认为活得"健康正常人"中业已消失无余的稀有难得的品质。

虽然回信像并不乐意和我们见面,我们——兆和、充和、傅汉思①和我,曾两次电话相约两度按时到他家拜访。

第一次一到他家,兆和、充和即刻就在厨房忙起来了。尽管他连连声称厨房不许外人插手,还是为他把一切洗得干干净净。到把我们带来的午饭安排上桌时,他却承认做得很好。他已经八十五六岁了,身体精神看来还不错。我们随便谈下去,谈得很愉快。他仍然保有山东人那种爽直淳厚气质。使我惊讶的是,他竟忽然从抽屉里取出我的两本旧作,《鸭子》和《神巫之爱》!那是我二十年代中早期习作,还是我出的第一个综合性集子。这两本早年旧作,不仅北京、上海旧书店已多年绝迹,连香港翻印本也不曾见到。书已经破旧不堪,封面脱落了,由于年代过久,书页变黄了,脆了,翻动时,碎片碎屑直往下掉。可是,能在万里之外的美国,见到自己早年不成熟不像样子的作品,还被一个古怪老人保存到现在,这是难以理解的,这感情是深刻动人的!

谈了一会儿,他忽然又从什么地方取出一束信来,那是我在一九二八到一九三一年写给他的。翻阅这些五十年前的旧信,它们把我带回到二十年代末期那段岁月里,令人十分怅惘。其中一页最最简短的,便是这封我向他报告志摩遇难的信:

际真:志摩十一月十九日十一点三十五分乘飞机撞死于济南附近"开山"。飞机随即焚烧,故二司机成焦炭。志摩衣已尽焚去,全身颜色尚如生人,头部一大洞,左臂折断,左腿折碎,照情形看来,当系飞机坠地前人即已毙命。二十一此间接到电后,二十二我赶到济南,见其破碎遗骸,停于一小庙中。

---

① 【傅汉思】(1916—2003),德裔美国籍犹太人,著名汉学家、耶鲁大学东亚语言文学系教授,娶"合肥四姐妹"之一的张充和为妻,与周有光、沈从文为连襟。

时尚有梁思成①等从北平赶来,张嘉铸②从上海赶来,郭有守③从南京赶来。二十二晚棺木运南京转上海,或者尚葬他家乡。我现在刚从济南回来,时〔一九三一年十一月〕二十三早晨。

那是我从济南刚刚回青岛,即刻给他写的。志摩先生是我们友谊的桥梁,纵然是痛剜人心的噩耗,我不能不及时告诉他。

如今这个才气横溢光芒四射的诗人辞世整整有了五十年。当时一切情形,保留在我印象中还极其清楚。

那时我正在青岛大学中文系教点书。十一月二十一日下午,文学院几个比较相熟的朋友,正在校长杨振声先生家吃茶谈天,忽然接到北平一个急电。电中只说志摩在济南不幸遇难,北平、南京、上海亲友某某将于二十二日在济南齐鲁大学朱经农校长处会齐。电报来得过于突兀,人人无不感到惊愕。我当时表示,想搭夜车去济南看看,大家认为很好。第二天一早车抵济南,我赶到齐鲁大学,由北平赶来的张奚若④、金岳霖⑤、梁思成诸先生也刚好到达。过不多久又见到上海来的张嘉铸先生和穿了一身孝服的志摩先生的长子,以及从南京来的张慰慈⑥、郭有守两先生。

随即听到受上海方面嘱托为志摩先生料理丧事的陈先生谈遇难经过,才明白出事地点叫"开山",本地人叫"白马山"。山高不会过一百米。京浦车从山下经过,有个小站可不停车。飞机是每天飞行的邮航班机,平时不售

---

① 【梁思成】(1901—1972),广东新会人,著名建筑史学家、建筑师、城市规划师和教育家。
② 【张嘉铸】新月书店的创办人之一。
③ 【郭有守】(1901—1977),字子杰,四川资中人,张大千的表弟。
④ 【张奚若】(1889—1973),字熙若,陕西大荔人,政治学家、爱国民主人士,曾任教育部部长。
⑤ 【金岳霖】(1895—1984),字龙荪,祖籍浙江绍兴,出生于湖南长沙,著名哲学家、逻辑学家,被誉为"中国哲学界第一人"。
⑥ 【张慰慈】(1890—1976),字祖训,江苏吴江人,早年留学美国,哲学博士,政治学研究的先驱者,在政治学领域具有举足轻重的地位。

客票，但后舱邮包间空处，有特别票仍可带一人。那日由南京起飞时气候正常，因济南附近大雾迷途，无从下降，在市空盘旋移时，最后撞在白马山半斜坡上起火焚烧。消息到达南京邮航总局，才知道志摩先生正在机上。灵柩暂停城里一个小庙中。

早饭后，大家就去城里偏街瞻看志摩先生遗容。那天正值落雨，雨渐落渐大，到达小庙时，附近地面已全是泥浆。原来这停灵小庙，已成为个出售日用陶器的堆店。院坪中分门别类搁满了大大小小的缸、罐、沙锅和土碗，堆叠得高可齐人。庙里面也满是较小的坛坛罐罐。棺木停放在入门左侧贴墙处，像是临时腾出来的一点空间，只容三五人在棺边周旋。

志摩先生已换上济南市面所能得到的一套上等寿衣：戴了顶瓜皮小帽，穿了件浅蓝色绸袍，外加个黑纱马褂，脚下是一双粉底黑色云头如意寿字鞋。遗容见不出痛苦痕迹，如平常熟睡时情形，十分安详。致命伤显然是飞机触山那一刹那间促成的。从北平来的朋友，带来个用铁树叶编成径尺大小花圈，如古希腊雕刻中常见的式样，一望而知必出于志摩先生生前好友思成夫妇之手。把花圈安置在棺盖上，朋友们不禁想到，平时生龙活虎般、天真纯厚、才华惊世的一代诗人，竟真如"为天所忌"，和拜伦、雪莱命运相似，仅只在人世间活了三十多个年头，就突然在一次偶然事故中与世长辞！志摩穿了这么一身与平时性情爱好全然不相称的衣服，独自静悄悄躺在小庙一角，让檐前点点滴滴愁人的雨声相伴，看到这种凄清寂寞景象，在场亲友忍不住人人热泪盈眶。

我是个从小遭受至亲好友突然死亡比许多人更多的人，经受过多种多样城里人从来想象不到的噩梦般生活考验，我照例从一种沉默中接受现实。当时年龄不到三十岁，生命中像有种青春火焰在燃烧，工作时从不知道什么疲倦。志摩先生突然的死亡，深一层体验到生命的脆弱倏忽，自然使我感到分外沉重。觉得相熟不过五六年的志摩先生，对我工作的鼓励和赞赏所产生的深刻作用，再无一个别的师友能够代替，因此当时显得格外沉默，始终不说一句话。后来也从不写过什么带感情的悼念文章。只希望把他对我的一切好意热忱，反映到今后工作中，成为一个永久牢靠的支柱，在任何困难情况下，都不灰心丧气。对人对事的态度，也能把志摩先生为人的热忱坦白和平等待人的稀有好处，加以转化扩大到各方面去，形成长远持久的影响。因为我深深相信，在任何一种社会中，这种对人坦白无私的关心友情，都能产生良好作用，从而鼓舞人抵抗困难，克服困难，具有向上向前意义的。我近五十年的工作，从不断探索中所得的点滴进展，显然无例外都可说是这些朋友纯厚真挚友情光辉的反映。

人的生命会忽然泯灭，而纯挚无私的友情却长远坚固永在，且无疑能持久延续，能发展扩大。

练习与思考

一、给下列加点字注音

焚烧（　　）　遗骸（　　）　刹（　　）　突兀（　　）　惊愕（　　）

灵柩（　　）　瞻看（　　）　倏忽（　　）　热忱（　　）　泯灭（　　）

二、阅读课文，思考问题

1. 文章提到作者与王际真、徐志摩的交往，请查阅史料，了解他们之间真挚无私的友情，在班级交流。

2. 徐志摩逝世后，沈从文曾有这样的评价："他那种潇洒与宽容，不拘迂，不俗气，不小气，不势利，以及对于普遍人生方汇百物的热情，人格方面美丽放光处，他既然有许多朋友爱他崇敬他，这些人一定会把那种美丽人格移植到本人行为上来。"请在文中找出作者对徐志摩深情怀念的评价对应语段，摘抄下来。

3.《徐志摩与沈从文：文人友情的典范》（作者杨建民，载于《中华读书报》）中说："没有徐志摩的欣赏和提携，沈从文的文学道路，也许真要大大改观也未可知。文人之间，形成这么深厚情感的并不多，沈从文与徐志摩，几乎可作为一个典范，一段传奇。"结合本文的学习，谈谈你对两人友情的理解。

三、知识拓展

李辉《先生们之沈从文：徐志摩友情常在心中》（载于凤凰网）一文中说"徐志摩的朋友圈大多是留学欧美归来的文人、外交官等，徐志摩先后将沈从文介绍给闻一多、罗隆基、潘光旦、叶公超、胡适、梁宗岱、林徽因、梁思成、金岳霖、邵洵美等人。沈从文只是小学毕业，可是，徐志摩慧眼识珍珠，在沈从文作品中看到文字之美、意境之美、静穆之美。沈从文讲究文学的节制，所写边远区域多民族文化交融的内容，恰恰为徐志摩极为赞赏。沈从文自称'乡下人'，他却以另外一种姿态，为徐志摩及其朋友们所欣赏，走进一个完全不同的文化圈。在随后的岁月里，沈从文也欣赏徐志摩的朋友们，他真正理解那些朋友的创作心绪、艺术风格和美学追求。可以说，因《市集》一文结下的这次副刊情缘，奠定了徐志摩、沈从文友谊的坚实基础。沈从文后来也成为'新月派'的作者。一九二八年的年初，《新月》杂志创刊，沈从文新创作的长篇童话体小说《阿丽丝中国游记》开始在刊物连载，从此，他成为其中的一员，将之称作'新月派'作家，可谓名正言顺。"读过后，你有何感想？在班级组织一次以"真正的友谊"为主题的班级"表白墙"活动。

四、读读记记

1. 真实的十分理智的友谊是人生最美好的无价之宝。　　——【苏联】高尔基
2. 和你一同笑过的人，你可能把他忘掉；但是和你一同哭过的人，你却永远不忘。

——【黎巴嫩】纪伯伦

8 我们这一代人的友谊①

肖复兴

·课文导读·

肖复兴说，朋友之间的友情，是脚底上的泡，跟着日子一起一天天踩出来的，不是美人痣，一顿酒肉就可以瞬间点上去的。纯洁友谊能天长地久。人的一生离不开友谊，但要得到真正和长久的友谊却是不容易的。友谊需要用真诚去播种，用热情去灌溉，用原则去培养，用谅解去护理。重要的是用心去对待。

作者以独特的视角、北大荒人的情感、渊博的知识、精湛的文笔诠释了知青这一群体特别的友情。作者穿插着对这一历史进行回顾，并用真情为曾经的兄弟姐妹们写出青春赞歌。文章的内涵丰厚，思想性很强，表现了一代人的深情厚谊。

亚里士多德②曾经将友谊分为三种：一种是出自利益或用处而考虑的友谊；一种是出自快乐的友谊；一种是最完美的友谊，即有相似美德的好人之间的友谊。

同时，亚里士多德特别强调：友谊是一种美德，或伴随美德；友谊是生

---

① 选自《北方人（悦读）》2009年第5期，有改动。肖复兴（1947—　），河北沧州人，著名作家，主要作品有《我们曾经相爱》《早恋》《四月的归来》《北大荒奇遇》《国际大师和他的妻子》等。
② 亚里士多德（公元前384—前322），古希腊人，世界古代史上伟大的哲学家、科学家和教育家之一，堪称希腊哲学的集大成者。他是柏拉图的学生，亚历山大的老师。

活中最必要的东西。

我们这一代人在那个时代所建立起来的友谊，当然会随着时间的变迁，不断地发生着变化，有的会逐渐堕落为亚里士多德说的前两种势利的友谊，亵渎①着我们自己曾经付出的青春。但我可以说，我们这一代大多数人，或者说我们这一代中的优秀者在艰辛而动荡的历史中建立起来的友谊，则是亚里士多德所说的第三种友谊。因为我相信虽然经历了波折、阵痛、跌宕②，乃至贫穷与欺骗之后，这一代依然重视精神和道德的力量。这就是这一代人友谊持久的根本原因所在。

可以说，没有比这一代人更重视友谊的了。

我这样说也许有些绝对，因为每一个时代的人都会拥有值得他们自己骄傲的友谊。但我毕竟是这一代人，我确实对我们这一代的友谊这样偏执而真切地感受着并感动着。我的周围有许多这样在艰苦的插队日子里建立起来的友谊，一直绵绵长长延续至今，温暖着我的生活和心灵，让我格外珍惜。就像艾青诗中所写的那样："我们这个时代的友谊，／多么可贵又多么艰辛，／像火灾后留下的照片，／像地震后拣起的瓷碗，／像沉船露出海面的桅杆……"

因此，即使平常的日子再忙，逢年过节，我们这些朋友都要聚一聚。我们这里的许多朋友，虽然并不常见常联系，甚至不会如现代年轻人一样常打个电话或寄一张时髦的贺卡，而只是靠逢年过节这样仅仅少数几次的见面来维持友谊，但那友谊是极其牢靠的。这是我们这一代友谊特殊的地方。这在可以轻易地找到一个朋友也可以轻易地抛弃一个朋友的当今，就越发显得特殊而难能可贵。这种友谊讲究的不是实用，而是耐用；它有着时间作为铺垫，

---

① 【亵渎（xiè dú）】轻慢；冒犯。
② 【跌宕（diē dàng）】形容事物多变，不稳定。

便厚重得犹如年轮积累的大树而枝叶参天。如果说那个悲凉的时代曾经让我们失去了一些什么，但也让我们得到了一些什么，那么，我们得到的最可宝贵的东西之一就是友谊。友谊和爱情从来都是在苦难土壤中开放的两朵美丽的花。只是爱情需要天天一起的耳鬓厮磨①，友谊只需哪怕再遥远的心的呼唤就可以了。这样的友谊之花，就开得坚固而长久。

去年春天，我们聚会的时候，得知一个当年一起插队的朋友患了癌症，大家立刻倾囊相助，许多朋友是下岗的呀，但他们都毫不犹豫地拿出带着的所有的钱，那钱上带有他们的体温、血汗、辛酸和心意。看着这情景，我有一种说不出的感动。我知道这就是友谊的力量，是我们这一代人独特的友谊。

我想起有一年的春节，是26年前1973年的春节，由于我是赶在春节前夕回北大荒去的，家中只剩下孤苦伶仃的父母。我的三个留京的朋友在春节这一天买了面、白菜和肉馅，跑到我家陪伴两位老人包了一顿饺子过春节，这大概是我的父母吃过的唯一一次滋味最特殊的大年饺子了。就在吃完这顿饺子以后不久，我的父亲一个跟头倒在天安门广场前的花园里，脑溢血去世了。如果他没有吃过这一顿饺子，无论是父亲还是我都该是多么的遗憾而永远无法补偿。那顿饺子的滋味，常让我想象着，除了内疚，我知道这里面还有的就是友谊的滋味，是我们这一代永远无法忘怀的友谊。

我还想起有一个冬天的夜晚，开始只是我们少数几个人的聚会，商量给我们当中一位朋友的孩子尽一点心意。因为孩子在北大荒降生的时候，条件太艰苦简陋，得了小儿麻痹瘫痪症。如今孩子快20岁了，我们想为孩子凑钱买一台电脑，让他学会一门本事将来好立足这个越发冷漠的世界，让他知道在这个世界上他不是孤独无助的，他的身边永远有我们这些人给予他的友谊。谁想，一下子来了那么多曾经在一起插队的朋友，当中还有下岗的人，纷纷

---

① 【耳鬓厮磨】耳与鬓发互相摩擦，形容相处亲密。鬓，鬓发；厮，互相；磨，擦。

掏出准备好的钱。一位朋友还特意带来了他弟弟的一份钱和一份心意。后来，这个孩子用这台电脑设计出自己构思的贺卡，并打出来他写给我们这些叔叔阿姨的信时，我看到许多朋友的眼睛湿润了。我知道这就是友谊的营养，滋润着我们的下一代，同时也滋润着我们自己的心灵。

我还想起我几次在书店里卖书的情景，是写我自己和我们这一代人命运的书，一本是《触摸往事》，一本是《绝唱：老三届》。来买书的大多是我们这一代人，我知道他们是来为我捧场的，我知道他们当中有的人要掏出的是他们的血汗钱。那次到南宁卖前一本书，我没有想到突然站在我面前的是一位当年和我同在一个队插队的老朋友，虽然20多年未见，却一见如故，往事全兜在眼前。他是从上海出差到柳州，从报纸上看到卖书的消息，连夜从柳州赶到南宁的。那次在北京卖我后一本书，来了好几个十几岁的孩子，他们告诉我是他们的爸爸妈妈或姑姑因为今天有事或上班来不了，特意让他们来买书的。我真是很感动，我与他们素不相识，我的书其实根本不值得他们这样的对待。我深深体会着他们给予我的这一份友谊，感受着逝去的日子在我们心中沉甸甸的分量，感受着我们共同生命的回忆。

现在，常有人说我们这一代人太爱怀旧，有说是优点，有说是缺点。我们这一代人怎么能不爱怀旧呢？那个逝去的悲凉年代，已经让我们彻底地失去了青春乃至一切，只剩下这种美好的友谊，怎么能不常常念及而感怀呢？况且它又是怎样温暖着、慰藉着我们在艰辛中曾经破碎的心、在忙碌和物欲横流中已经粗糙的心。这是亚里士多德所说的第三种友谊，不带势利，而伴随美德；不随时世变迁，而常青常绿。

以感情而言，我以为爱情的本质是悲剧性的，真正的爱情在世界上极其稀少甚至是不存在的，所以千万年来人们在艺术中才永无止境地讴歌和幻想它；而友谊却是存在于我们身边的，是对爱情悲剧性一种醒目而嘹亮的反弹。爱情和人的激情是连在一起的；而友谊则是"一种均匀和普遍的热力"。这是蒙田说的，他说得没错。从某种意义上讲，真正如亚里士多德所说的第三种友谊，不会如爱情星光般灿烂，它只是在艰辛日子里靠均匀的热力走出来的脚下的泡，而不是与生俱来或描上去的美人痣，我们这个时代的友谊因此才会从遥远的历史中走来，伴随我们的命运持久直到永远。

练习与思考

一、给下列加点字注音

堕落（　　）　跌宕（　　）　亵渎（　　　）　鬟（　　）

桅杆（　　）　嘹亮（　　）　伶仃（　　　）　囊（　　）

麻痹（　　）　讴歌（　　）　沉甸甸（　　　）

二、阅读课文，思考问题

1. 文中说亚里士多德曾经将友谊分为三种，有哪三种？

2. 文中写"这就是这一代人友谊持久的根本原因所在"，你理解的原因是什么？

3. 文中写亚里士多德所说的第三种友谊，请说说你对第三种友谊的理解。

4. 文末说"我们这个时代的友谊因此才会从遥远的历史中走来，伴随我们的命运持久直到永远"。你对友谊有什么新的感悟？请用自己的语言说一说。

三、知识拓展

有人说"青春是用来怀念的"。那么,不留下值得怀念的,我们去怀念什么?因为年轻,我们能够放下可以放下的,大胆追求值得追求的。有人说过,人这一生前半生要不害怕后半生才能不后悔。我们都应该大胆地向前走,留下一个无悔的青春。阅读本文后,观看电影《致青春》,试写一则短小的电影评论,在班级内交流。

四、读读记记

1. 世间最美好的东西,莫过于有几个头脑和心地都很正直的严正的朋友。

——【美国】爱因斯坦

2. 友谊之光像磷火,当四周漆黑之际最为显露。　　——【英国】克伦威尔

9 论友谊①

【英国】培 根

• 课文导读 •

"如果你把快乐告诉一个朋友，你将得到两个快乐；而如果你把忧愁向一个朋友倾吐，你将被分掉一半忧愁。"这段话我们早已耳熟能详，它简明扼要地阐述了友谊的重要性。关于友谊，培根还有很多精辟的论述。

培根随笔有两大特点：一是在立意上具有"世界书"的高度和深度，它"不是为一国而作，乃是为万国而作的；不是为一个时代，而是为一切时代"。二是在语言上有"简约体"和"格言体"的风格。阅读本文时要认真加以体会。

古人曾说：喜欢孤独的人不是野兽便是神灵②。没有比这句话更把真理与谬误混合于一起的了。如果说，当一个人脱离了社会，甘愿遁入山林与野兽为侣，那么他是绝不可能成为神灵的。尽管有人这样做的目的，好像是要到社会之外去寻求一种更高尚的生活，就像古代的埃辟门笛斯③、诺曼④、埃辟

---

① 选自《培根论人生——培根随笔选》（上海人民出版社1983年版，何新译）。培根（1561—1626），莎士比亚的同时代人，哲学史和科学史上划时代的人物，英国17世纪杰出的唯物主义哲学家，马克思曾誉之为"英国唯物主义和整个现代实验科学的真正始祖"。主要著作有《新工具》《论科学的增进》《学术的伟大复兴》《培根随笔》等。
② 语出亚里士多德《政治学》。
③ 【埃辟门笛斯】古希腊哲学家，曾隐居山洞57年。
④ 【诺曼】古罗马君王，传说他曾隐居山中。

格拉斯①、阿波罗尼斯②那样。

有些人之所以宁愿孤独，是因为在没有友谊和仁爱的人群中生活，那种苦闷正犹如一句古代拉丁谚语所说的："一座城市如同一片旷野。"人们的面目淡如一张图案，人们的语言则不过是一片噪音，使得人们宁可逃避也不愿进入了。

由此可以看出，人与人的友情对人生是何等重要。得不到友谊的人将是终身可怜的孤独者。没有友情的社会则只是一片繁华的沙漠。因此那种乐于孤独的人，其性格不是属于人而是属于兽的。

当你遭遇挫折而感到愤懑抑郁的时候，向知心挚友的一席倾诉可以使你得到疏导。否则这种积郁会使人致病。医学告诉我们，"沙沙帕拉"③可以理通肝气；磁铁粉可以理通脾气；硫黄粉可以理通肺气；海狸胶可以治疗头昏。然而除了一个知心挚友，却没有任何一种药物是可以舒通心灵之郁闷的。只有对朋友，你才可以尽情倾诉你的忧愁与欢乐，恐惧与希望，猜疑与劝慰。总之，那沉重地压在你心头的一切，通过友谊的肩头而被分担了。

正因为如此，甚至连许多高高在上的君王也不能没有友谊。以至许多人竟宁愿降低自己的身份去追求它。

本来君王是不能享受友谊的。因为友谊的基本条件是平等，而君王与臣民的地位却太悬殊了。于是许多君王便不得不把他所宠爱的人擢升为"宠臣"或"近侍"，以便能与他们亲近。罗马人称这种人为"君王的分忧者"，这种称呼恰如其分地道出了他们的作用。实际上，不仅那些性格脆弱敏感的君王曾这样做，就连许多性格坚毅、智勇过人的君王，也不能不在他的臣属中选择朋友。而为了结成这种关系，他们是需要尽量地忘记自己原来的高贵身

---

① 【埃辟格拉斯】古罗马哲学家。
② 【阿波罗尼斯】古罗马哲人。
③ 【沙沙帕拉】中世纪的一种方剂，用于风湿等病症。

份的。

罗马的大独裁者苏拉曾与庞培结交①。以至为此有一次竟容忍了庞培言语上的冒犯。庞培曾当面夸耀自己说:"崇拜朝阳的人自然多于崇拜落日的人。"伟大的恺撒大帝也曾经与布鲁图斯②结为密友,并把他立为继承人之一,结果这人恰好成为诱使恺撒堕入圈套而被谋杀的人。难怪安东尼后来把布鲁图斯称为"恶魔",仿佛他诱惑恺撒的魅力是来自一种妖术似的。……③

毕达哥拉斯曾说过一句隐秘的格言——"不要损伤自己的心"。确实,如果一个人有心事却无法向朋友诉说,那么他必然会成为损伤自己心的人。实际上,友谊的一大奇特作用是:如果你把快乐告诉一个朋友,你将得到两个快乐;而如果你把忧愁向一个朋友倾吐,你将被分掉一半忧愁。所以友谊对于人生,真像炼金术士所要寻找的那种"点金石"。它能使黄金加倍,又能使黑铁成金。实际上,这也是一种很自然的规律。在自然界中,物质通过结合可以得到增强。而人与人难道不也是如此吗?

如果以上所说已证明友谊能够调剂人的感情的话,那么友谊的又一种作用则是能增进人的智慧。因为友谊不但能使人走出暴风骤雨的感情世界而进入和风细雨的春天,而且能使人摆脱黑暗混乱的胡思乱想而走入光明与理性的思考。这不仅是因为一个朋友能给你提出忠告,而且任何一种平心静气的讨论都能把搅扰着你心头的一团乱麻,整理得井然有序。当人把一种设想用语言表达的时候,他也就渐渐看到了它们可能招来的后果。有人曾对波斯王说:"思想是卷着的绣毯,而语言则是张开的绣毯。"所以有时与朋友作一小时的促膝交谈可以比一整天的沉思默想更能令人聪明。

其实即使没有一个能对你提出忠告的朋友,人也可以通过语言的交流而

---

① 【苏拉】古罗马统帅、独裁者,庞培是苏拉的部下。
② 【恺撒】古罗马的统帅、独裁者,于公元44年为罗马民主政客所刺杀,刺客中有他的朋友布鲁图斯。
③ 以下培根列举了大量史实,因出典均甚冷僻,在此译文中略去。

增长见识。讨论犹如砥石，思想好比锋刃。两相砥砺将使思想更加锐利。对一个人来说，与其把一种想法紧锁在心头，倒不如哪怕把它倾吐给一座雕像，也是多少有点益处的。

赫拉克利特[①]曾说过："初射之光最亮。"但实际上，一个人自身所发生的理智之光，是往往受到感情、习惯、偏见的影响而不那么明亮的。俗话说："人总是乐于把最大的奉承留给自己"，而友人的逆耳忠言却恰好可以治疗这个毛病。朋友之间可以从两个方面提出忠告，一是关于品行的，一是关于事业的。

就前者而言，朋友的良言劝诫是一味最好的药。历史上的许多伟人，往往由于在紧要关头听不到朋友的忠告，而做出后悔莫及的错事。人尽管也可以自己规戒自己，但毕竟如圣雅各所说："虽然照过镜子，可终究是忘了原形。"[②]

就事业而言，有些人认为两双眼睛所看到的未必比一双眼见到的更多，或者以为一个发怒的人未必没有一个沉默的人聪明，或者以为毛瑟枪不论托在自己肩上，还是支在一个支架上都会打得一样准——总之，认为有没有别人的帮助结果都一样。但这些话其实是十分骄傲而愚蠢的说法。在听取意见的时候，有人喜欢一会儿问问这个人，一会儿又问问那个人。这当然比不问任何人好。但也要注意，在这种情况下会有两种危险。一是这种零敲碎打来的意见可能是一些不负责任的看法。因为最好的忠告只能来自诚实而公正的友人。另外这些不同源泉的意见还可能会互相矛盾，使你莫衷一是，不知所从。比如你有病求医，这位医生虽会治这种病却不了解你的身体情况，结果服了他的药这种病虽然好了，却又使你得了另一种新病。所以最可靠的忠告，

---

① 【赫拉克利特】公元前6世纪古希腊唯物主义哲学家。
② 语出《新约·雅各书》第1章，第23节。

也还是只能来自最了解你事业情况的友人。

友谊对于人除了以上所说这些益处，还有许多其他方面的益处，多得如同一个石榴上的果仁，难以一一细数。如果一定要说的话，那么只能这样来说：只要你想想一个人一生中有多少事务是不能靠自己去做的，就可以知道友谊有多少种益处了。所以古人说：朋友是人的第二个"我"。但这句话的容量其实还不够，因为朋友的作用比这又一个"我"要大得多！

人生是有限的。有多少事情人来不及做完就死去了。但一位知心的挚友，却能承担你所未做完的事。因此一个好朋友实际上使你获得了又一次生命。人生中又有多少事，是一个人由自己出面所不便去办的。比如人为了避免自夸之嫌，因此很难由自己讲述自己的功绩。人的自尊心又使人在许多情况下无法低首下心去恳求别人。但是如果有一个可靠而忠实的朋友，这些事就都可以很妥当地办到。又比如在儿子面前，你要保持父亲的身份。在妻子面前，你要考虑丈夫的脸面。在仇敌面前，你要维护自己的尊严。但一个作为第三者的朋友，就可以全然不计较这一切，而就事论事，实事求是地替你出面主持公道。

由此可见，友谊对人生是何等重要。它的好处简直是无穷无尽的。总而言之，当一个人面临危难的时候，如果他平生没有任何可信托的朋友，那么我只能告诉他一句话——那就自认倒霉好了。

练习与思考

一、给下列加点字注音

谬误（　　）　遁入（　　）　硫黄（　　）　海狸（　　）　擢升（　　）

近侍（　　）　恺撒（　　）　砥砺（　　）　劝诫（　　）　毛瑟枪（　　）

二、阅读课文，思考问题

　　1.作者告诉我们友谊的奇特作用是什么？请结合课文用两个假设复句进行表述。

　　2.文中用比较手法写"有时与朋友作一小时的促膝交谈可以比一整天的沉思默想更能令人聪明"说明了什么含义？"讨论犹如砺石，思想好比锋刃。两相砥砺将使思想更加锐利。"请说说这个比喻的表达作用。

　　3.请说说"没有友情的社会则只是一片繁华的沙漠"一句中"繁华的沙漠"的含义。

　　4.文中"一个人自身所发生的理智之光，是往往受到感情、习惯、偏见的影响而不那么明亮的"，你觉得应该怎样理解？

　　5.培根关于友谊的论述中你感触最深的句子是哪一句？请结合你的人生体验或阅读积累谈谈你的理解。

三、知识拓展

　　培根说："一个好朋友实际上使你获得了又一次生命。"电影《理发师》是著名画家、导演陈逸飞用生命拍摄的，电影还未拍完，他就因积劳成疾，倒在他钟爱的电影艺术里。陈逸飞逝世后不久，他的朋友吴思远等人拾起了他遗留在世尚未完成的作品《理发师》，并宣布一定要完成他的遗愿，让他走得没有遗憾。陈逸飞死前只完成了《理发师》的五分之四，包括结尾的大戏、后期制作等都是陈逸飞的好朋友吴思远操刀的。不过，影片最后署名导演只有陈逸飞一人，吴思远只署名艺术总监。吴思远说,他只是按照陈逸飞的思路把影片拍完,这样做是对好友的尊重。是友谊使陈逸飞延续了自己的艺术生命。结合本文所学内容,开展一次班级交流。

四、读读记记

1. 最能施惠于朋友的,往往不是金钱或一切物质上的接济,而是那些亲切的态度,欢悦的谈话,同情的流露和纯真的赞美。 ——【美国】富兰克林

2. 最长的友谊最能给人以欢乐。更何况还有这么一句至理名言:"在一起共过很多患难的人,其友谊才称得上牢不可破。" ——【古罗马】西塞罗

10 祭陈同甫文①

辛弃疾

•课文导读•

辛弃疾的一首豪放词《破阵子·为陈同甫赋壮词以寄之》让我们认识到作者与陈同甫（陈亮）均为南宋著名词人，都坚决主张抗金、收复中原，使他们成为志同道合的知心朋友。《宋史》记载：陈亮，为人才气超迈，喜谈兵，论议风生，下笔数千言立就。隆兴初，与金人约和，天下忻然，幸得苏息，独亮持不可。

作为陈亮的挚友，辛弃疾为失去一位情同手足、志同道合的伴侣而悲痛欲绝，于是写下了这篇悲愤交加、饱含深情的祭文。文中表现了陈亮饱受人生坎坷、壮志始终未酬的一生，又饱含着作者对友人特别深厚的感情，同时也表达了作者对南宋社会的基本认识。阅读时着重理解祭文如何在悲痛和怀念的同时把批判的锋芒触及整个社会扼杀人才的本质。

呜呼！同甫②之才，落笔千言，俊丽雄伟，珠明玉坚③，人方窘步，我则

---

① 选自《中国散文鉴赏文库·古代卷》（百花文艺出版社2001年版，崔承运、刘衍主编）。辛弃疾（1140—1207），原字坦夫，后改字幼安，号稼轩，山东济南人。南宋豪放派词人、将领，有"词中之龙"之称。与苏轼合称"苏辛"，与李清照并称"济南二安"。

② 【同甫】陈亮（1143—1194）之字。陈亮，原名汝能，号龙川，被称为"龙川先生"。婺州永康（今属浙江）人。南宋思想家、文学家。

③ 【珠、玉】二字均名词作状语，表示比喻。

沛然①,庄周李白,庸敢先鞭!②同甫之志,平盖万夫,横渠少日,慷慨是须③。拟将十万,登封狼胥④。彼臧、马辈,殆其庸奴⑤。

天于同甫,既丰⑥厥禀,智略横生,议论风凛。使之早遇,岂愧衡伊⑦?行年五十,犹一布衣。间以才豪,跌宕四出,要其所厌,千人一律⑧。不然少贬,动顾规检⑨,夫人能之,同甫非短。至今海内,能诵三书⑩,世无杨意,孰主相如?⑪中更险困,如履冰崖,人皆欲杀,我独怜才⑫。脱廷尉系,先多士鸣⑬,

---

① 【人方二句】窘步,步履艰难,这里比喻才思枯竭。沛然,才气横溢的样子。
② 【庸敢先鞭】庸敢,岂敢。先鞭,先行一步。
③ 【横渠二句】横渠,张载号。张载(1020—1077),字子厚,凤翔眉县(今陕西眉县)人,北宋思想家、教育家、理学创始人之一。《宋史·张载传》:"张载,字子厚,长安人。少喜谈兵,至欲结客取洮西之地。"慷慨,即指此壮志。须,等待、期待。
④ 【拟将二句】将,率领。十万,十万兵马。封,在山上筑台祭天。狼胥,狼居胥山的简称,在今内蒙古克什克腾旗一带。
⑤ 【彼臧二句】臧,指汉光武帝刘秀的名将臧宫,有平蜀大功。马,指东汉伏波将军马援,曾立下赫赫战功。殆,几乎,差不多。庸奴,奴仆。
⑥ 【丰】使动词,使……丰富。
⑦ 【衡伊】指商汤时的贤相伊尹,汤曾称他"阿衡"。
⑧ 【间以四句】间,间或,偶尔。跌宕四出,指才华和豪气四处洋溢。要,总,从总的方面看。厌,厌恶。千人一律,指千人一律地空谈性理,而于世无补。
⑨ 【不然二句】少,稍微。贬,贬抑,指收敛、约束自己。动顾,言行。规检,规矩。据《宋史·陈亮传》载,陈亮上三书后,"旧落魄醉酒,与邑之狂士饮。醉中戏为大言,言涉犯上"。本文大概即指此类事。
⑩ 【三书】指陈亮在宋孝宗淳熙年间所上的三封主战奏章,即《上孝宗皇帝第一书》《上孝宗皇帝第二书》《上孝宗皇帝第三书》。
⑪ 【世无二句】杨意,即杨得意的简称。据《史记·司马相如列传》载:"蜀人杨得意为狗监侍。上读《子虚赋》善之曰:'朕独不得与此人同时哉!'得意曰:'臣邑人司马相如自言为此赋。'上惊,乃召问相如。"主,作主,引申为引荐。
⑫ 【人皆二句】语出杜甫怀念李白的《不见》诗:"世人皆欲杀,吾意独怜才。"这里借用杜诗表示对陈亮屡遭迫害的遭遇的同情。
⑬ 【脱廷二句】廷尉,秦刑官名,宋代称大理卿,这里是借用旧称。系,拘囚。陈亮曾于淳熙十一年(1184)、绍熙元年(1190)两度入狱。前一次因酒醉戏言犯上,为人所诬告而入狱;后一次因家童杀人被牵连入狱。前一次的出狱是由孝宗赦免;后一次的出狱与辛弃疾的大力援救有关。多士,众士。鸣,著称,闻名。这里指宋光宗时,陈亮为进士第一。

耿耿未阻,厥声浸宏①。盖至是而世未知同甫者,益信其为天下之伟人矣!

呜呼!人才之难,自古而然,匪难其人,抑难其天②。使乖崖公而不遇,安得征吴入蜀之休绩③?太原决胜,即异时落魄之齐贤④。方同甫之约处,孰不望夫上之人谓握瑜而不宣⑤。今同甫发策大廷,天子亲置之第一⑥,是不忧其不用。以同甫之才与志,天下之事孰不可为?所不能自为者天靳之年⑦!

闽浙相望,音问未绝⑧,子胡一病,速与我诀!呜呼同甫,而止是耶?而今而后,欲与同甫憩鹅湖⑨之清阴,酌瓢泉⑩而共饮,长歌相答,极论世事,可复得耶?千里寓辞,知悲之无益,而涕不能已。呜呼同甫,尚或临监⑪之否!

陈亮雕像

---

① 【耿耿二句】耿耿,忠诚的样子。浸宏,更加宏大。
② 【人才四句】人才之难,语出《论语·泰伯》:"才难,不其然乎!"匪,通"非"。抑,乃是。天,这里指君。
③ 【使乖二句】乖崖公,即张咏(946—1015),字复之,北宋太宗、真宗两朝的名臣。《宋史·张咏传》载,宋太宗很信赖张咏,曾言:"得卿在蜀,朕无西顾之忧。"征吴,其事不详。入蜀,指张咏镇压四川李顺领导的农民起义。休,美。
④ 【太原二句】用宋初张齐贤事。据《宋史·张齐贤传》载,太祖幸西都,齐贤以布衣陈十策。太宗即位,令齐贤知忻州(今太原),齐贤上书论太原形势,建议把太原建为军事重镇。
⑤ 【方同甫二句】约处,贫居。望,埋怨。上之人,指执掌权柄者。谓,认为。握瑜而不宣,手持美玉而不宣示出来,这里比喻压抑人才而不使其有所作为。
⑥ 【今同甫二句】发策,对策。第一,指宋光宗绍熙四年(1193)陈亮应进士试,光宗置亮为第一。
⑦ 【天靳之年】靳,吝惜。年,年寿。
⑧ 【闽浙二句】陈亮为浙人,临死时,辛弃疾在福建安抚使任上,故云"相望"。音问,音讯,书信。
⑨ 【鹅湖】山名,在今江西铅山县北。淳熙十五年(1188),陈亮来访辛弃疾,曾同游鹅湖山。
⑩ 【瓢泉】上饶县地名。辛弃疾于光宗绍熙五年(1194)归隐于此。
⑪ 【临监】降临观看。

第二单元 拥抱友谊

> 练习与思考

一、给下列加点字注音

寡（　　）沛（　　）臧（　　）殆（　　）厥（　　）酹（　　）

凛（　　）孰（　　）履（　　）浸（　　）憩（　　）

二、阅读课文，思考问题

1. 作者用"平盖万夫"四字来赞同甫之志后，又通过哪些历史人物事件来进一步说明陈同甫的才能，有什么作用？

2. 文中写"行年五十，犹一布衣"这一过渡句有什么用意？

3. 文中用"人才之难，自古而然，匪难其人，抑难其天"四句表达怎样的人才现状？

4. 文章末句的"呜呼同甫"的呼号之语，表达了作者怎样的思想情感？

5. 阅读全文后，你觉得本文在写作手法上有什么特点？

三、知识拓展

宋史有传，陈亮力主抗金，曾多次上书孝宗，反对"偏安定命"，痛斥秦桧奸邪，倡言恢复，完成祖国统一大业。读过本文后，你有什么感想？请以电视剧《精忠岳飞》为参考，以"忠君报国"为话题，开展一次班级讨论。

四、读读记记

1. 构大厦者必资于众工，治天下者必赖于群才。　　——【中国】余继登

2. 发现并培养人们的长处，要求他们在所擅长的各自岗位上创造出百分之一百二十的工作效率，这就是培养得力合作者的秘诀。　　——【日本】德田虎雄

应用文写作：便条、单据

【模块目标】

1. 了解便条、单据的概念、种类、特点等基础知识。

2. 掌握便条、单据的基本格式与写作规范，根据情境学会撰写各种便条和单据。

3. 通过撰写便条、单据，养成认真严谨的生活、学习、工作习惯。

【项目任务】

1. 项目一 便条

2. 项目二 单据

【行动过程】

1. 了解便条和单据的基本格式、写作要求。

2. 掌握便条和单据的写作技法，在日常生活中准确运用。

条据是作为某种凭据的字条，它是日常生活中最常见而又最简便的应用文。条据基本可分为两大类，即说明式条据和凭证式条据，前者也叫便条，后者也叫单据。

便条是一种简便的短信件，主要用于把比较简单的事情告诉别人，如请托条、请假条、留言条等。单据是人们在日常生活、学习和工作中，彼此之间为处理财务或事务往来写给对方的一种凭据。常见的种类有收条、借条、领条、欠条等。

写条据字迹要端正清楚,条据一经签订,一般对签约的各方就有了约束力,特别是经济性质的条据。条据写得是否准确,权利与义务规定得是否严密、完备,关系到当事人的切身利益,影响到发生纠纷时是非曲直的判断和鉴别。所以,写条据时必须认真慎重,要熟悉各类条据的格式及写法,决不可掉以轻心。

项目一 便条

任务导入

　　秘书小王接到公司总部的电话,电话说公司董事长将于下午两点飞抵机场,要求公司李经理前去接机,并且在接机的同时带上与别的公司合作的一份合同协议。小王接完电话后由于当时李经理不在,电话又无法打通,而她自己恰好有事不得不离开,所以她给李经理写了一张留言条。结果李经理在看了留言条后居然自己坐着飞机飞往总公司了,给公司带来了较大的经济损失。

留言条

李经理:

　　我是小王,今天总公司打电话说要你下午两点带上与××公司的合同协议前往机场,并且去会见董事长。

小　王
×年×月×日

　　同学们,你们知道小王的这份留言条存在哪些问题吗?你能帮她写一份符合要求的留言条吗?

任务一 便条的写作

一、认识便条

例文

请假条

王老师：

　　今天我妈妈突然重病住院，我爸爸在外出差，需我前往医院护理，特请假一天。

　　此致
敬礼

学生：李小明
×年×月×日

请托条

赵兄：

　　请代购《素质教育与学生作文》十本，尽快寄回，谢谢！

李小明
×年×月×日

　　点评：便条的使用场合是在日常生活中，有些事情要向对方说明介绍或请对方办理，有时无法当面讲但是又必须告知的，或者是出于手续上的需要，要留做依据的，都会用到便条这种形式。便条一般只写事实，不用说理分析；用词准确，书写端正，防止歧义或者误认。

二、必备知识

　　便条的写作格式同一般书信大致一样。通常由标题、称谓、正文、落款四部分组成。

　　1.标题。便条的标题主要写明便条的性质。一般人们只在写请假条、留言条时使用标题，即在正文上方中间写上"请假条"或"留言条"等字样。

2. 称谓。称谓要求在标题下顶格写上收信人的称呼或姓名，后加冒号，以示尊重。如"×××老师："。

3. 正文。正文从下一行空两格处写起。正文内容要求将所要表达的意思、需对方办的事情全部写出来。内容写完后，可视具体情况写下"谢谢""敬礼""特此拜托"等礼貌性的话语致意，给朋友或同学等相熟者的便条也可省略该项内容。一般另起一行空两格写"此致"，下一行顶格写"敬礼"。

4. 落款。便条的落款包括署名和写日期两项。署名写在正文右下方，署名的方式视写给的对象而定。在署名的下方还要写明具体的成文日期。

三、任务实施

请按照"任务导入"中的要求完成规定任务。

项目二　单据

任务导入

李明是某企业的一名员工，其所在公司准备举办国庆联欢晚会，需要向保管室借30张椅子、2台投影机、1台摄影机，10月1日下午归还。李明给保管室写了一份借条。

借　条

因国庆联欢晚会需要，今借保管室椅子、投影机及摄影机，借期两天，到时归还。

经手人：李明
×年×月×日

同学们，你们觉得李明的这份借条写得规范吗？你能帮他写一份符合要求的借条吗？

任务二 单据的写作

一、认识单据

例文

收　条

今收到我校校友刘丽捐款人民币伍佰圆整。

校友会秘书处
经手人：×××
×年×月×日

欠　条

为校运动队购运动服30套，尚欠宏达体育用品商店人民币壹仟伍百元整。双方商定三日内交齐。

××学校
经手人：王××
×年×月×日

点评：收条要求将所收到的物品、钱款的具体数目以及物品的大小规格式样等一一说明，同时还要写清是从谁那儿收的。收条的落款要求经手人签名盖章，注明日期，而不能仅仅只有单位的名称。收条不能涂改。钱款数目要大写。借条的写法与收条基本一致，欠条略有不同。

欠条一般由标题、正文、落款三部分组成。

1.标题。欠条的标题一般由文种名构成，即在正文上方中间以较大字体写上"欠条"二字。也有在此位置写上"暂欠"或"今欠"字样作为标题，但这种标题正文则在下一行顶格写。

2.正文。欠条的正文要写清欠什么人或什么单位什么东西、数量多少，并要注明偿还的日期。

3.落款。落款要署上欠方单位名称和经手人的亲笔签名，是个人出具的欠条则需署上欠方个人的姓名，并同时署上欠条的日期。单位的要加盖公章，个人的要加盖私章。

二、必备知识

单据包括借条、收条、领条、欠条、汇款单、取存款单等。单据的基本格式和写法包括名称、正文、署名和时间等部分。

1.名称。单据的名称，如借条、收条等写在第一行的中间，也可不写名称，在第一行空两格写"借到"或"收到"等字样，另起一行写正文。

2.正文。正文是单据的主要部分，要写明事由或事实。如借条要写明谁借什么，数量多少，何时归还等。单据涉及物品的，要写清物品名称、数量、质量或规格；涉及款项的，一般要写明收、领、借的原因。单据上的物品和款项的数字一般要用大写汉字：壹、贰、叁、肆、伍、陆、柒、捌、玖、拾、佰、仟、万。如果是现金，在数字后还要写上"整"，表示到此为止，以防被添加篡改。

3.署名。署名应是亲笔签字的真实姓名。重要单据姓名前要写清单位或地址，签名后还要盖章，以示负责。

4.时间。立据的时间要写清，包括年、月、日。单据写成后，不得涂改；如有涂改必须在涂改处盖章，以示负责。写单据不能用铅笔、红墨水或其他易褪色的墨水，字迹要端正、清楚。如果是收据，对方未把钱款或物品交清前不能把收据交给对方。单据中还有一类是国家有关行政部门制发的票据，有固定的格式、内容和用途，任何个人或单位使用这些票据时都要依照有关法规填写，如各种发票凭单、车(船、机)票等等。

对外使用的单据，写对方单位名称要用全称。数字前不留空白，数字后面要写量词，如"元""个""双""斤"等。

三、任务实施

1. 请按照"任务导入"中的要求完成规定任务。

2. 某班同学李明负责为班里即将举办的宣传活动购买材料,他找班主任王老师询问应该买什么材料,不巧的是王老师不在办公室,请你帮李明写一份留言条,告诉王老师李明第二天中午去办公室找他讨论有关事情。

第三单元

为学之道

单元导语

　　幸福是奋斗出来的，奋斗的青春最美丽。每一位有理想、有抱负、有担当的青年学子，都必须在知识的海洋里克己尽责、潜心为学，这是一种能力，亦是一份责任。欲潜心为学，必先明为学之道。晁说之曰："为学之道，必本于思。思则得知，不思则不得也。"朱熹说："为学之道，莫先于穷理；穷理之要，必在于读书。读书之法，莫贵于循序而致精。而致精之本，则又在于居敬而持志。"

　　本单元围绕"为学之道"这一主题选取了5篇文章，或表现作者求学的艰辛，或表现读书的重要性与必要性……无论哪一篇都给予我们"书山有路勤为径、学海无涯苦作舟"的诠释和鞭策。《幼学纪事》通过回忆幼年求学的历程，表现了作者对当年良师益友的感激、敬仰与深切怀念。《孩子为什么一定要上学》回顾作者自己成长的历程，以一个年近六十老人的角度，重新解答了自己以往的疑惑——"孩子为什么一定要上学"。《获得教养的途径》认为读书是获得教养的主要途径，劝说人们用心研读经典作品，在书籍中发现世界，认识社会，完善自我修养。《读书人是幸福人》抒发了对阅读的热爱之情，阐述了作者的为学之道与阅读心得。《〈学记〉三则》选择了《学记》中的三个重点段落，阐述了学习的重要性和必要性，介绍了教与学的方法，使人读罢收获颇丰。

　　本单元的口语交际训练为朗诵，通过介绍朗诵的感情基调、呼吸、发音、吐字、语速、语调等基础知识，培养学生的朗诵能力。

11 幼学纪事①

于是之

•课文导读•

　　本文以时间为顺序记述了作者幼年求学时的艰辛，第一、第三部分分别交代了两个阶段的背景，用略写。第二、第四部分是记叙的中心，进行了详写。文章语言诙谐幽默，细节描写富有生活气息，读罢此文，不由得被作者执著苦学、热爱生活的精神所感动。

　　正是因为生活在一个贫穷没有文化的大杂院，才显出作者坚持读书的难能可贵，而作者能够"没有胡乱地生长"的原因是遇到了良师益友。观照作者的成长经历，对照自己的求学经历，我们能领悟到什么？

一

　　我出生于一个完全没有文化的家庭，跟着寡居的祖母和母亲过日子。"女子无才便是德"，所以她们都绝对地一字不识。那时形容人们无文化，常说他们连自己的名字也写不出。我的祖母和母亲则更彻底，因为她们压根儿就没有名字。家里的藏书每年一换，但只有一册，就是被俗称为"皇历"的那本历书。她们只能从书里的图画中数出当年是"几龙治水"，借以预测一年的天时。至于全年二十四个节气都发生在哪一天和什么时辰，编书人未能制

---

① 选自《于是之》（同心出版社2002年版）。于是之（1927—2013），原籍天津，出生于唐山，话剧表演艺术家，曾参与《上海屋檐下》《龙须沟》《关汉卿》《茶馆》《雷雨》等多部话剧的演出，其文字作品有《演员于是之》《于是之人生漫笔》《于是之论表演》等。

为图像，她们也就自然辨认不出了。直到我上了小学，家里上两代人的这个困惑才算解决，"皇历"也才得到了比较全面的利用。

真的，不要小看小学生。在我住过的那个杂院里，出个小学生，就顶得上个知识分子。比如同院拉洋车的老郝叔，孩子多，拉了饥荒要"请会"（一种穷人之间的经济上的互助活动，但要出利息），这就找到了我。用今天的话说，就是叫我帮他起草一个"请会"的"通知"。其中包括本人遇到什么困难，为什么要发起这么个活动，将要怎么办等等的内容。那时我顶多不到三年级，怎么写得了！但老郝叔鼓励我："你照我说的写，他们都懂。"我于是拿了毛笔、墨盒伏到老郝叔的炕上——他家无桌，炕上只有一张席，硬而且平，伏在上面写字是极方便的——就这样，他说，我写，不大会儿的工夫，居然写出来了。随后又抄了若干份分别送出。"凡著诸竹帛者皆为文学"，讲起文学的定义来，是有这么一说的。那么，我替老郝叔起草的这篇"通知"，就无疑是一篇为人生的文学了。何况还分送出去，也算是发表了的呢！

"照我说的写，他们都懂。"这篇出自老郝叔的心与口、"他们都懂"的好文章，可惜我现在竟一点也记不起来了。老郝叔又早已作古，他无碑、无墓，所有的辛劳都化为汗水，洒在马路和胡同的土地上，即刻也就化为乌有。他奔波一世，却仿佛从未存活过人间。

说也怪，人过中年，阅人遇事也算不少了，但对老郝叔，我老是不能忘记，总觉得再能为他做些什么才可以安心似的。

二

现在可以说些有关读书的事了。

一个人的读书习惯，依我看，总是靠熏陶渐染逐步养成的，压、逼、打、骂，都无济于事。这就需要一个稍微好些的文化环境。我的家庭和所住的杂院，自然教给我许多学校里学不到的知识，但就培养读书习惯而言，那不能说是好的环境。我正经上学只念到初中，且功课不好。虽然读了《苦儿努力记》，也没收到立竿见影的效验。一题稍微繁难的算术作业，我瘪住了，能找谁去？杂院里是没有这样师资的。我以后所以还喜欢读点书，全靠我幸运地遇到了许多良师益友。有的在校内、在课堂上，更多的是在校外和课外，在日常的生活中。

开始叫我接近了文艺的是孔德小学的老师们。

孔德小学，在我的记忆里是一所办得很好的学校。设备齐全，学费却低。老师们也都像是些很有学问的人。比方有一次，一位眼睛近视得很厉害而又不戴眼镜的老师，把我们几个同学招呼到他的宿舍里去，给我们诵读《罪恶的黑手》。他屋里哪儿都是书，光线显得很暗，所以他需要把诗集贴近鼻尖才能读得出。他的读法，也与时下的不同，不洪亮，无手势。虽然书挡住了他的脸，但从夹缝里看过去，还是可以看见他脸上的肌肉都是很安静的。他的这种读法，听上去，比听现在的某些朗诵受用，孩子们都被他吸引了，打动了。长大以后，虽然我再没去读这首诗，然而当时听着它所留下的印象，却始终记得。这位老师不久就不见了。当时，他为什么有这样的兴致叫几个孩子去听这首诗呢？我至今也不明白。每当路过孔德旧址，我还常常想起他来，我总觉得他或者是一位诗人，或者是一位革命者，老幻想着有一天会碰上他。虽然我依旧不知道他的名字。

但是有一位美术老师我却记得清楚，他是卫天霖先生。这当然是一位大画家，可那时我们却全然不懂他的价值，竟因他出过天花，脸上留下了痕迹，背地里称呼先生为"卫麻子"。足见"师道尊严"是破不得的，不"破"尚且如此，何况号召"大破"呢！

孔德学校有一间美术教室，小学部、中学部共用，无论大小学生一律要站在画架子前上美术课。先是铅笔画，铅笔要6个"B"的，还要带上橡皮。"工欲善其事，必先利其器"，这当然是要准备的。可是小学生也要学用炭条作画，炭条消耗大，向家里要钱时，已从大人的脸上窥出几分难色；待知道了擦炭笔画不能用橡皮而必须是烤过的面包时，我便不再敢回家去说了。忘记了是我个人没学着炭笔画，还是卫先生更换了教法，反正是这个阶段不长，后来就变了画水彩——不管我是否买得起炭条和面包，但卫先生这种在一两年内，多种画法都叫孩子们尝试一遍的做法，我是拥护的。孩子们的求知欲是极强的，精力是非常饱满的，那是压抑不了的。当批评孩子"好高骛远"时，至今我仍觉得要慎重些。二十几岁有大成就，我以为完全符合人的智力发展，是很正常的事。相反，四十多岁的人，还被称为年轻艺术家、年轻学者、年轻教授，倒是不大正常而且令人痛心了。

卫先生还有一种教法，我们当时也很喜欢。美术教室里，有许多石膏坨坨：圆球形、正方形……他没有叫我们画这些，开始就是静物写生，画小瓶小罐之类。过了一阵以后，又叫我们到户外去，先画校园里头，后来就去东华门外的筒子河。孩子们对跑出去画画快活无比，我们画，卫先生跟着看，他也好像很高兴。一次写生，我画的地方前边是许多树，后边是一排矮松，再往后则是满墙的爬山虎。当时只知道看见的都要画上，哪里懂虚、实、疏、密这许多深奥的道理！结果，我画的画面上是绿树、绿蔓、绿叶、绿茎，简直绿得不可开交，一塌糊涂了。谁知这时候卫先生正站在我身后看，我扭头看见他，笑了；他看着我和我的那幅绿色作品，也笑了，而且还称赞了我。到底是称赞我的什么呢？是有几处画得好？还是勇气可嘉，什么都敢画？或者根本就不是称赞，只是一种对于失败者的无可奈何的安慰——当时我可没想这么多，反正是被老师夸了，就觉得了不起，就还要画。

此后，我画画的兴趣越来越浓，差不多延续到上初中一年级的时候。

对于卫天霖先生，我并不是为写这篇文章才想起他来的。时间还要早十来年。那时，首都剧场附近有一阵颇贴了一些所谓"揭露"卫先生"罪状"的印刷品。大家在那个动乱的年代里，都学会了一种本事，就是能够在通篇辱骂的文字里看出一个人的真价值来。我也正是从那些印刷品里才知道，原来第一个引导我接近艺术的竟是这样一位大人物,我不禁骄傲了。

前两年,美术馆举办了先生的画展,我去看了。我在先生的自画像前伫立了许久。他并没有把自己画得如何的色彩斑斓,还是他教我们时的那样的平凡。我不知道美术界里对他是怎样评价,我只觉得他曾是一位默默的播种者,他曾在孩子们的心田里播下过美的种子。而美育,我以为,对孩子们的健康成长是非常重要的。

三

从15岁那年起,我就上不起学了。

我的上学,是由本家供给的。那时祖母已殁,只剩下母亲和我。本家们有的给钱,贴补吃喝;有的给我们间房住;有的灵活些,告诉我们"什么时候缺吃的了,到我家去,添两双筷子总还可以";而有一家就是专门供我一年两次学费。15岁以前,我受到的就是这么一种"集体培养"。但是,就在那年的冬天,一位本家来到母亲和我的屋里——

"干什么呐?"他问。

"温书,准备寒假考试。"我答。

"别考了。现在大伙都不富裕,你也不小了,出去找点事做吧。"

我沉默了,母亲也无言。吃人嘴短,还能说些什么呢?我于是合上了我的笔记本和书,也就从此结束了我的学生生涯。

"找点事做",那时很难。先得买些"履历片"回来填写。内容无非是姓名、性别、年龄、学历之类。然而字,要绝对的毛笔小楷。写得好坏,据说对于是否能被录用关系极大。我自然写得十分小心。写好后再托本家、亲戚四面八方找门路,呈送上去。请不起客,送不起礼,再加上并没有过硬的门路,回音,自然都是没有的。但是仍要等待。母子两个茫茫然地等着,等着一个谁也不愿多想的茫茫然的未来。

茫然中还是有事可做的。子承母业,去当当。比每天上学稍晚的时间,我便挟个包去当铺。当了钱出来径直奔粮店买粮。家底单薄，当得的钱，只够一天的"嚼裹儿"，计：棒子面一斤（可蒸窝头四个，一天两餐，每餐母子各一个），青菜若干，剩下的买些油盐。我毕竟是读过书的，早懂得玉米、青菜的营养价值高，所以每天吃着不腻。当得无可再当了，便去押"小押"。那是比当铺低下了许多的一种买卖，样子先就没有当铺威严。当铺都是一色青砖到顶、磨砖对缝的高大而结实的建筑，外面堂堂正正地挂着黑地金字的匾额，里边的柜台也高得令人生畏。小押店则不然，它就坐落在一个随便的破院子里，没有字号，因此外边无须挂匾，里边也不设柜台。不是赤贫者或近乎赤贫者是不会到那里头去的。所以，当铺式的讲究对它就成了多余的奢侈了。何况它们都还兼理贩卖"白面儿"的缺德的营生，那就更不便张扬了。到那里押东西倒是很"方便"的，甚至可以不拿实物，只把当铺的"当票"押给他们就可以换钱。当然，押期、利息和押得的钱，比起当铺来那就苛刻得多了。押得无可再押了，仍旧有办法，就是找"打小鼓的"把"押票"再卖掉。卖，就更"方便"了。每天胡同里清脆的小鼓声不绝如缕，叫来就可以交易的。一当二押三卖，手续虽不繁难，我和母亲的一间小屋里可就渐渐地显露出空旷来，与老郝叔的家日益接近。趴在炕上也是可以写字念书的了。

是的，在这段时间里我并没有停止读书。

"头悬梁""锥刺股"那样的故事，还在我上小学的时候就听说过的。但我不喜欢，甚至有些不信。一定要那么苦吗？把头发拴在房梁上，用锥子扎到胯骨里头去，非那样不能成材？未免太可怕了。幸好，我所碰到的良师益友们，无论在我辍学前或者以后，都没有逼着我做那样的蠢事。因此，我至今还能感到读书的快乐。

四

想起我辍学前后的师友们，我恨我不会写"赞"，不会写"铭"，不会用极简约的文字写出我对他们的谢忱。在那样难熬的岁月里，他们的影响曾决定了我的前途和命运。我真希望为他们立传,但是不能,一个十三四岁、十五六岁的孩子,怎么能够了解老师们的那么多事情。我现在所能想起来的,只是他们的片片断断的音容。然而这些却是我毕生不能忘记的。

我要感谢我初中二年级以后的所有的语文(那时叫"国文")老师。他们既广征博引,又深入浅出,能够使孩子爱上祖国的语言和文字。他们能凭借一篇几百个字的小文,叫你喜欢上"晚明小品";他们能在上千年的中国文学史里,信手拈来,讲出许多吸引人的故事,迫使你不能不去借各种文学史的书去读:赵景琛的、胡云翼的……记得他们也曾介绍过郑振铎的文学史,我也曾借阅,部头太大了,当时终于没能读完。虽然如此,总也多知道了一位郑振铎啊。

那些老师们中,对我更有吸引力的是孙谓宜、徐世荣两位先生。他们在讲课时,常常讲起祖国的文字、声韵方面的知识:"車"是象形字,是一个俯瞰的车子的图形,中间的是车厢,那一竖是车轴,上下的两横,原来就是两边的车轮。多有意思!声韵部分亦有趣,从古韵一直讲到注音符号(今日汉语拼音符号的前身),说是据钱大昕的考据,原来古人连 zh、ch 也读不出,是要读作 d、t 的——老师们居然能够知道古人怎样造字和他们说话的声音,孩子们自然钦佩极了。

孩子,都好像是本能的表演家。对于他们所钦佩的师友,总要由衷地模仿。模仿他们写字,模仿他们的讲话,以至模仿他们的衣着。

孙谓宜先生的衣着最朴素。他的裤子,在夏天,从长衫里可以看出,长度仅及他的小腿肚。我于是便学他,请母亲照样裁制。谁知那是用两条面口袋剪剪缝缝就可以做成的。由于用钱少又容易做,母亲自然支持我,很快地做成了。穿上它,我很得意,觉得是天下最好看的服装。全国解放以后,我碰上了那中学的别的老师,问到了孙先生的景况,他只说:"孙先生……孩子多,仍旧……不大宽裕。"到这时我才知道了孙先生朴素的原因,也就更增加了对孙先生的敬意。我想他那时大约是更窘迫，他是不顾生活的清苦，那么尽心竭力地给我们授课的。

有一位教英文的老师，我也始终不忘。他非常重视发音。这一点，在第一堂课上，就给学生们留下强烈的印象。

初中二年级第一学期，第一课英语的第一句话是"现在，我已是初二年级的学生了"。因此，头一个词是 Now。大家反复朗读这句话，他不但听，还要逐个地看学生们的嘴。在一位同学的面前，他止步了。他令大家停下来，只叫那一个读。不知是什么缘故，虽经他反复示范，那个同学总是舍不得把嘴张得大些，总读成 No。他着急了，顺手拿起那位同学课桌上的墨盒，当那位可怜的同学刚刚张嘴又要读出 No 来时，他竟能一下把小半个墨盒塞进那学生的嘴。这时候，所有的同学都不敢笑，只能瞪起眼看着事态的发展。果然很灵验，当先生把墨盒从那个学生口里取出时，那位可怜的同学居然正确地 Now 出来了。先生胜利了，又带着学生读起以下的课文来。学生们全都读得用心，不敢有半点含糊，谁知道自己的墨盒在什么时候会塞进自己的嘴里来呢！

学英语发音必须先学会国际音标，这在现在已经是当然的事了。当时却不然，还有其他的更加通用的标音办法在。但我们的这位老师当时就热衷提倡国际音标，引起了我们几个同学的兴趣。恰好有一个同学家里存有一套英语教学唱片，据说就是国际音标的创始人录制的。他拿出来给我们听，我们都听得入神。一个浑厚的男低音，把一些连我们也懂得的简单的字和句，竟读出了另外的韵味。这使我们惊奇了，不能不引起我们研究的兴趣，尽管我们当时的语音知识少得可怜。

我常想：孩子们的或者少年们的兴趣，大约都是飘忽不定的。他们对什么都好奇，见什么都想学，难免今天这样，明天那样。我觉得这并没有什么不好。大人们的横加干涉，效果往往适得其反。我的本家们只对我的上学或不准上学加以干涉，至于我喜欢学什么或不喜欢学什么，他们是无暇顾及的。我觉得这倒成了我的便宜。初中时期，中文老师与英文老师教给我的知识的综合，竟使我喜欢上了一门同我的家境毫不相干的、既不能当吃又不能当穿的学问：音韵学。而且这种爱好竟持续了好几年，从辍学以后，一直到我的兴趣转移到演戏上去的时候。

或者我是个侥幸者，或者生活本来就是由许多的"偶然"所铸成。辍学以后，在过着"一当二押三卖"的日子里，我居然进入了当时的最高学府——辅仁大学中文系，颇当了一阵子一文不花的大学生。

那是由于有几位好友，我们住得邻近，他们比我年纪大些，都是那所高等学府正经花钱的大学生。他们同情我的境遇，于是就夹带着我混进了辅仁大学。事是好事，但头一天我一进校门，先就觉出浑身上下都不自在起来。已经到了临近上课的时间，校门里面的人们都急匆匆地来去走着。我无法知道他们的脸色是严肃还是快活，因为我不敢抬头，看见的只能是他们的脚。好友们领我向教室走去，我看见的仍然只是地板和一级一级的楼梯。觉得好像是走了一段很长很长的路，才算进了教室。教室里学生们大部分已经就座，只有我罚站似的兀立一旁，这就更增加了我的紧张，简直想掉头归去，回到我的家，回到我或押或卖的"自由"的生活中去。这时，我的热心的好友走去找他的几个同学了，只见他们喊喊喳喳了一阵以后，就指着一个空位子告诉我："你今天先坐这儿吧。"我于是坐下。心想，那么我明天坐哪儿呢？果然，第二天我就更换了一个地方。此后天天如是，先是我浑身不自在地进入教室，继之以他们照例的一阵喊喊喳喳，而后为我指出一个安身的所在。

尽管是这样的上大学，然而听课时还是令我神往。现在记得起的是一位孙教授讲秦观，一位顾教授讲辛弃疾。从他们精到的讲解里，叫我领略出这些大词人的妙处：他们能在婉约近人的文字中抒发出忧国、爱国的深情以至豪情来。多么美呀，多么精巧啊，我们祖国的语言！每一个字，每一个音节，都像是一个可爱的小精灵,只要你调度得当,它就能把你心里的最细微的情绪,令人难以置信地、非常机敏地表达出来!

听课虽然有趣而令人神往,但内心的恐惧却不容易消除。日久天长我明白了,高等学府里的教授们是不管点名的,学生们都有固定的位子,点名的人只能在窗外,看位子空着的便画"旷课",位子上只要坐着人,不管是谁,他便画"到"。我之所以能坐上位子,而位子又需每天更换,就是由于每天总免不了有人旷课的缘故。有人交钱而逃学,就有人不花钱而读书。平等互利,这本是可以处之坦然的。但在当时,我于听课神往之余,心里总不免于忐忑,谁知道那些花了钱的学子什么时候会突然闯进教室把我撵走呢?因此,我那时常生做贼之感,觉得自己是一个偷窃知识的人。

此后,靠朋友们的帮助,我终于找到了一个职业。那时我只有16岁,而我的同事们,比起我的年龄来,翻一番的寥寥可数,多数的都是翻了两番以上的老头子们。他们同我无话可讲,我也只能早来晚走报之以沉默。虽然有了职业,然而一,并不足以糊口;二,前途依旧茫然。照现在看,这种处境是可以称得上"苦闷"的了。但在当时,或者是因为这个词还未曾普及到我,或者是由于不"苦"不"闷"的日子我还没有过过,所以脑子里便没有这样的意识流出来。只是偶然在一根电线杆子上的招生广告里,我觉得又为自己找到了生活的希望。

就在我做事的地方附近,有一家中法汉学研究所,广告上说那里要办一个法文研究班,每周晚上开两堂法语课。一个"汉学",一个"法语",再加上是个夜校,这对我简直是个天赐的机缘。我于是去报名了。经过口试,我说了我对"汉学"和"语言"的兴趣,很快便通知我被录取了。从此,我又进入了另一所特殊的高等学府。

这个夜校简直是一座法兰西文学的殿堂。头一年照例是从字母念起,学些简单的对话和短文。第二年选文里可就出现了莫里哀。依次读下去,到了最后的一年，就读到了19世纪末的散文和诗。教授对法兰西文学有精到的见解，讲义都由他自己编选。我猜那里边很多都是他所喜欢的作家和作品，因此，无论是朗读原文或者是讲解，他都沉浸在作品的意境和情绪之中。他给我们上的不光是语言课，在很大的成分上是文学欣赏课。教授讲得津津有味，学生们也听得入神。以至于在上课时，我竟恍惚觉得自己已近"雅人"。但是，在课前和课后，我却不能不继续过我的"俗人"生活。

我那时住在北京西单，每天需步行过北海大桥，才能到达近东四我上班的地方。平时只带一顿午饭，不过是窝头小菜之类。赶到上夜校时，就需带上晚餐了。把窝头带进"法兰西文学的殿堂"，已经很不协调，更何况"殿堂"里是只烧暖气而不生炉火的。到了冬天，这就使我为难了。暖气烤不了窝头，冷餐总不舒服。窝头这东西，很脆弱，昨夜由母亲蒸出，今天又随我奔波了一日，到上夜校时它就要露出些裂痕来。冷而且硬，不略略加热，吃下去肚子里常会觉得有些异样。异样，尚可忍耐，只怕不幸由此酝酿出一个"异响"来，那便是对"殿堂"的极大的骚扰了。怎么办呢？幸好，"殿堂"之外的院子里有一间小厕所。为使它的上下水道不至于受冻，那里面安着一个火炉。于是这厕所便成了我的"餐厅"。我把窝头掰为几块，烤后吃下，热乎乎地感到棒子面原有的香甜。香甜过后，再去上课，听的偏是菩提树、夜莺鸟这样的不食人间烟火的诗情。

下课了，我又需步行回家。冬天，遇到刮风的天气，西北风夹带着沙粒迎面扑来，粗拉拉地把人抽打得满脸生疼，自然也一并抽打了脑子里的夜莺鸟和菩提树，使我不能不将它们暂时忘却。然而遇上好天气，天高夜冷，街上早已没有了车辆和行人，安静得可以听得见自己的足音。这时，"殿堂"里学得了的法文便油然而来，充填了心和脑，我不由得且走且想且诵，路，于是就成了我最好的温书的地方。这样，久而久之，我就习惯了在上下班的路上温课，念法文兼读古汉语。记得那时在旧书摊上很便宜地买到一本《诗经今译》，半页是原诗，半页是白话的释文。书只比今天小孩子们看的连环画册大一点，我便将它拆成单页，每天带一页去上班，看一眼背一会，一路走下来差不多总可以背得一首。至于法文，我是将生字写在小纸片上，也是边看边背，以我那时的经验计算，从西单走到东四，少说也可以背下四五个单词来，并不担心会发生交通事故。现在学外语，都讲究句型教学了，句型长于单词，加之路上人多车多，我的这种经验怕是不能推广了。

"蓬生麻中，不扶而直；白沙在涅，与之俱黑。"《荀子·劝学》中这两句老话，虽曾被编入诗册，但我总以为它其实是古谚。比喻用得那么自然贴切，思想又表达得那么朴素而真挚，不像出自文人的手。

我不是考据家，我只是要说我衷心地喜欢这两句话，读起来总感到亲切。我庆幸自己在那样恶劣的政治制度下竟遇上那么多的好的老师和好的朋友，他们为我启蒙，教我知道书这种东西的宝贵，使我没有胡乱地生长。

练习与思考

一、给下列加点字注意

贩卖（　　）　郝（　　）　帛（　　）　鹜（　　）　斑斓（　　）

苛刻（　　）　坨（　　）　殁（　　）　琛（　　）　忐忑（　　）

辍学（　　）　铎（　　）　瞰（　　）　昕（　　）　酝酿（　　）

喊（　　）

二、阅读课文，思考下列问题

1. 本文回忆了哪些事情？表达了作者怎样的感情？

2. 作者回忆美术教师卫天霖时,详细写教师教给孩子各种画法,特别着重回忆一次写生课的情况和教师给自己的鼓励,为什么强调卫先生的"价值"?最后一段的作用是什么?

3. 第三部分写辍学时期的困苦生活,为什么写这段生活?

三、鲜明强烈的对比是本文表现方法上的一个特点。作者在记述幼年往事的过程中作了哪些对比?有什么作用?

四、读读记记

  1. 业精于勤,荒于嬉。 ——【中国】唐·韩愈

  2. 天将降大任于斯人也,必先苦其心志,劳其筋骨,饿其体肤,空乏其身,行拂乱其所为,所以动心忍性,曾益其所不能。 ——【中国】战国·孟子

12 孩子为什么一定要上学[①]

【日本】大江健三郎

·课文导读·

  本文是大江健三郎对日本中小学的孩子们所做的演讲。大江健三郎回顾自己成长的历程,回忆起童年中许多困惑的事情,以一个年近六十老人的角度,重新解答了自己以往的疑惑——"孩子为什么一定要上学"。

  文章的谋篇布局耐人寻味。童年时大江健三郎目睹了学校老师们在战时宣传日本军国主义的理念,战败后却面不改色地教导和先前完全相反的主张,因而感到无法信任老师。直到大江健三郎自己也有了孩子——脑部与智能异常但却有惊人音乐天赋的大江光。他看到光在学校交到了朋友,并进一步发展了他在音乐上的才能,他才明白上学是为了充分而深刻地理解自己并建立与他人的联系。

  本文语言浅白简易,质朴隽永。作者深入浅出,娓娓道来,使读者在阅读中感触良多,在思考中获得智慧。

一

  在我迄今为止的人生历程中,我曾经两次思考这个问题,十分幸运的是,最终都得到了很好的答案,我认为那是我遇到的无数问题里,寻找到的最好的答案。

[①] 选自《感动你一生的散文全集》(花山文艺出版社2007年版,滕刚主编)。大江健三郎(1935—),日本著名作家,诺贝尔文学奖获得者。代表作有《广岛日记》《作为同时代的人》《个人的体验》等。

最初，我很怀疑，孩子是否要上学。当时我10岁，那年夏天，日本在太平洋战争中战败。

战败使日本人的生活发生了很大的变化，那之前，我们孩子，还有大人，接受的教育一直在说，我们国家最强大最有力量，说天皇是个神。然而战后我们明白，天皇也是人。当时的美国，是我们最害怕、也最憎恨①的国家，可是后来，又是这个国家成为我们要从战争废墟中重新站起来最需要依赖的国家。

我觉得，这样的转变是对的。可是战争刚结束一个月，我就不愿去学校上学了。因为直到仲夏，一直说"天皇是神，美国人是恶魔"的老师，竟然十分自然地开始说起完全相反的话来，并且也没有对我们做一些诸如以前的教育是错的之类的交代。他们教我们说天皇也是人，美国人是朋友，是那么自然而然。

进驻的美国兵乘坐着几辆吉普车开入密林间的小村落，那天，学生们摇着自制的星条旗用英语高呼"Hello"，站在道路两旁，夹道欢迎他们。我呢，从学校跑出来，跑到森林中去了。

从高处俯视山谷，小模型一样的吉普车沿着河边的道路开进了村庄，如同豆粒大小的孩子们的脸虽然看不清楚，可是，他们的"Hello"喊声却听得真切，我流了眼泪。

二

从第二天早上起，一去学校，我马上就从后门出去直奔林子，一直到傍晚，都是我一个人度过。我把大本的植物图鉴②带到林子里，在图鉴中寻找林子里每一棵树的名字和特性，并把它们一一记在心里。

---

① 【憎(zēng)恨】厌恶，痛恨。
② 【图鉴】以图画为主而用文字解说的著作（多用于书名）。

林子里树木的种类实在太多了，这么多的树都有各自的名字和特性，我觉得十分有趣，简直着了迷。我不打算去上学了，我喜欢能和我一起谈论它们的人，可是无论老师还是同学，一个都没有，那么我为什么还一定要去学校，学习一些和将来生活毫不相干的东西呢？

　　秋季的一个大雨天，我照常进了林子，雨越下越大，连道路也坍塌了。天黑了，我没有走出林子，并且开始发烧。第二天，是村里的一个消防队员在一棵大七叶树的树洞里面发现了昏迷的我，把我救了出去。

　　回家以后，烧并没有退，从邻村来给我看病的医生说："我已经没有办法了，没有药可以治。"这话仿佛是有人在梦里和我说一样，我都听到了。可是妈妈对我没有丧失信心，一直看护着我。

　　一天深夜，我从长时间的昏迷中清醒。我躺在榻榻米上面，妈妈坐在枕头旁边盯着我看。

　　"妈妈，我会死吧？"

　　"你不会死的，妈妈在为你祈祷。"

　　"医生不是说这孩子没救了么？我会死的。"

　　妈妈沉默了一会儿，对我说："你就是死了，我也可以再生你一次，所以，你不要担心。"

　　"可是，那个孩子和我不是同一个人啊。"

　　"不，是一个人。我会把你从生下来之后到现在所看到的、听到的、读到的东西、做过的事情全部讲给新生下的你听。这样，两个孩子就是一模一样的同一个孩子了。"

　　妈妈的话我没有完全明白，但心里宁静下来，安安稳稳睡觉了。第二天开始我慢慢康复，到了初冬，我开始想上学了。

三

　　无论是在教室里上课还是在运动场上打棒球，我经常会一个人发呆，我想现在活在这里的我，是不是死去之后又被妈妈再生一次的孩子呢？我现在的记忆是不是由妈妈讲给那个死去的孩子所看到、听到、读到的东西和他经历的一切事情形成的呢？并且，是不是我使用那个死去的孩子的语言在说话呢？

我还经常想，教室里、运动场上的孩子们是不是都是没有长大就死去的孩子呢？他们又被重新生出来，听到死去的孩子们的所见所闻，按照他们的样子替他们说话。我有证据：那就是我们都用同样的语言说话。

并且，我们是为了让这种语言完全成为自己的东西才到学校学习的。不仅仅是语文，连自然科学、算术也都是这一继承必需的。如果只是拿着植物图鉴和眼前的林木去对照，那么就永远不能代替死去的那个孩子，只能和他一样，永远不能成为新的孩子。所以我们才都来到了学校，大家一起学习，一起做游戏。

四

现在我又想起了一件我成人之后发生的事情。

我的长子叫做光，他出生的时候头部异常，到了5岁还不会说话。相反他对声音的高低却特别敏感。比起人的语言，他首先记住的是许多鸟儿的叫声，而且他一听到鸟儿的歌声，就能说出鸟的名字来。这是光说话的开始。

光7岁的时候才上学，进入特别班。集中在那里的孩子，身体上都有不同的残疾，有的总是要大声喊叫，有的不能安静，要不停地动，一会儿撞到桌子，一会儿掀翻椅子。光总是用手捂着耳朵，身体呈现僵硬的姿态。

于是我又问自己孩童时期的那个问题，光为什么要去上学呢？我们为什么不回到村子里面去？在林中盖个小房子，我按照植物图鉴确认树木的名字和特性，光听鸟儿的歌唱，妻子就在一旁画我们的速写，这样的生活，有什么不可以呢？

解决了这个摆在我面前的难题的竟然是光。

光进入特别班之后不久，发现了一个和自己一样不喜欢噪声的小朋友。于是，两个人总是坐在教室的角落里面互相握着对方的手，一起忍耐教室里的吵闹。

　　不仅如此，光还开始帮助那个活动能力比他差的小朋友去上厕所。能帮助小朋友做一些事情，对光来说，实在是种充满新鲜感的快乐体验。渐渐地，他们两个人开始在距离其他孩子远一点儿的地方摆上椅子，一起听广播里的古典音乐①了。

　　又过了一年，我发现超越了鸟的声音，人类创造的音乐开始成为光可以理解的语言了。他甚至能从播放过的曲子里面记下朋友喜欢的曲目的名字，回到家里还可以找到这张光盘。教师也发现这两个平时很少开口的孩子的语言之中，已经出现了巴赫、莫扎特的名字。

五

　　从特别班到养护学校，光是和那个孩子一起上的。高三毕业前夕，教师要为大家举行告别会，作为家长，我也去了。

　　光从小跟着母亲学钢琴，这会儿已经可以自己作曲了。我根据他们的一段对话写了一首诗，光为它谱了曲，这就是后来的《毕业变奏曲》。

　　现在对于光来说，音乐是他蕴藏②于内心的深刻而丰富的东西，也是他将内心的情感向他人、向社会传达的唯一语言。这种语言是在家庭里发芽，在学校里发展成形的。不仅仅是语文，还有自然科学、算术、体操、音乐，这些都是深刻了解自己，与他人交流的语言。

　　为了学习这些，无论是什么时代，孩子都是要去上学的。

---

① 【古典音乐】专指德国与奥地利在1750至1830年间以海顿、莫扎特、贝多芬为代表的，即所谓"维也纳古典乐派"的音乐。
② 【蕴藏】蓄积，深藏未露。

练习与思考

一、给下列加点字注音

憎恨（　　）　废墟（　　）　仲夏（　　）　图鉴（　　）

坍塌（　　）　巴赫（　　）　蕴藏（　　）

二、结合课文讨论下面问题

1. 文章写了作者童年的哪几件事？这几件事与主题有何关系？

2. 本文的写作线索是什么？作者是怎样围绕这一线索组织材料的？

3. 作者写长子光的求学经历说明了什么？

三、结合作者的观点和你自己的求学经历，谈谈你到职业学校学习的深层意义。

四、读读记记

1. 博学之，审问之，慎思之，明辨之，笃行之。　　——【中国】《礼记》
2. 博观而约取，厚积而薄发。　　——【中国】宋·苏轼

◆ 第三单元 为学之道 ◆

13 获得教养的途径①

【瑞士】赫尔曼·黑塞

•课文导读•

本文是瑞士作家赫尔曼·黑塞有关读书和修养的一篇随笔。文章认为读书是获得教养的主要途径,劝说人们用心研读经典作品,在书籍中发现世界,认识社会,完善自我修养。

文章层层深入、步步推进,首先论述了什么是"真正的修养",作者把它界定为"为了自我完善""找到生活的意义",同时指出修养无功利目的,读书是终身任务。随后,集中论述阅读经典的作用。在阐述这一问题时,文章提出获得教养必须以个性或人格的追求为前提。接下来进一步阐述通过阅读经典作品获得教养的必要性。通过过程和结果的对比,形象地说明阅读能使心智成长,能使读者面前的世界变得宽广。最后,以个人的阅读体验为例,说明经典作品有持久的魅力,重复阅读可以不断地有所感悟、有所发现。

真正的修养不追求任何具体的目的,一如所有为了自我完善而作出的努力,本身便有意义。对于"教养"也即精神和心灵的完善的追求,并非朝向某些狭隘目标的艰难跋涉,而是我们的自我意识的增强和扩展,使我们的生活更加丰富多彩,享受更多更大的幸福。因此,真正的修养一如真正的体育,同时既是完成又是激励,随处都可到达终点却从不停歇,永远都在半道上,

---

① 选自《师典》(上海人民出版社2004年版,吴圣苓主编)。赫尔曼·黑塞(1877—1962),德国作家、诗人、小说家,1946年获诺贝尔文学奖,代表作有《彼得·卡门青》《荒原狼》《纳尔齐斯与歌尔德蒙》等。

都与宇宙共振,生存于永恒之中。它的目的不在于提高这种或那种能力和本领,而在于帮助我们找到生活的意义,正确认识过去,以大无畏的精神迎接未来。

为获得真正的教养可以走不同的道路。最重要的途径之一,就是研读世界文学,就是逐渐地熟悉掌握各国的作家和思想家的作品,以及他们在作品中留给我们的思想、经验、象征、幻象和理想的巨大财富。这条路永无止境,任何人也不可能在什么时候将它走到头;任何人也不可能在什么时候将哪怕仅仅只是一个文化发达的民族的全部文学通通读完并有所了解,更别提整个人类的文学了。然而,对每一部思想家或作家的杰作的深入理解,却都会使你感到满足和幸福——不是因为获得了僵死的知识,而是有了鲜活的意识和理解。对于我们来说,问题不在于尽可能地多读和多知道,而在于自由地选择我们个人闲暇时能完全沉溺其中的杰作,领略人类所思、所求的广阔和丰盈,从而在自己与整个人类之间,建立起息息相通的生动联系,使自己的心脏随着人类心脏的跳动而跳动。这,归根到底是一切生活的意义,如果活着不仅仅为着满足那些赤裸裸的需要的话。读书绝不是要使我们"散心消遣",而是要使我们集中心智;不是要用虚假的慰藉①来麻痹我们,使我们对无意义的人生视而不见,而是正好相反,要帮助我们将自己的人生变得越来越充实、高尚,越来越有意义。

世界文学的辉煌殿堂对每一位有志者都敞开着,谁也不必对它收藏之丰富望洋兴叹,因为问题不在于数量。有的人一生中只读过十来本书,却仍然不失为真正的读书人。还有人见书便生吞下去,对什么都能说上几句,然而一切努力全都白费。因为教养得有一个可教养的客体作前提,那就是个性或人格。没有这个前提,教养在一定意义上便落了空,纵然能积累某些知识,却不会产生爱和生命。没有爱的阅读,没有敬重的知识,没有心的教养,是

---

① 【慰藉】安慰,抚慰。

戕害①性灵的最严重的罪过之一。

当今之世，对书籍已经有些轻视了。为数甚多的年轻人，似乎觉得舍弃愉快的生活而埋头读书，是既可笑又不值得的；他们认为人生太短促、太宝贵，却又挤得出时间一星期去泡六次咖啡馆，在舞池中消磨许多时光。是啊，"现实世界"的大学、工场、交易所和游乐地不管多么生气蓬勃，可整天呆在这些地方，难道就比我们一天留一两个小时去读古代哲人和诗人的作品，更能接近真正的生活么？不错，读得太多可能有害，书籍可能成为生活的竞争对手。但尽管如此，我仍然不反对任何人倾心于书。让我们每个人都从自己能够理解和喜爱的作品开始阅读吧！但单靠报纸和偶然得到的流行文学，是学不会真正意义上的阅读的，而必须读杰作。杰作常常不像时髦读物那么适口，那么富于刺激性。杰作需要我们认真对待，需要我们在读的时候花力气、下功夫……

我们先得向杰作表明自己的价值，才会发现杰作的真正价值。

每一年，我们都看见成千上万的儿童走进学校，开始学写字母，拼读音节。我们总发现多数儿童很快就把会阅读当成自然而无足轻重的事，只有少数儿童才年复一年，十年又十年地对学校给予自己的这把金钥匙感到惊讶和痴迷，并不断加以使用。他们为新学会的字母而骄傲，继而又克服困难，读懂一句诗或一句格言，又读懂第一则故事，第一篇童话。当多数缺少天赋的人将自己的阅读能力很快就只用来读报上的新闻或商业版时，少数人仍然为字母和文字的特殊魅力所风魔（因为它们古时候都曾经是富有魔力的符箓和咒语）。这少数人就将成为读书家。他们儿时便在课本里发现了诗和故事。但在学会阅读技巧之后并不背弃它们，而是继续深入书的世界，一步一步地发现这个

---

① 【戕（qiāng）害】残害。

世界是何等广大恢宏①，何等气象万千和令人幸福神往！最初，他们把这个世界当成一所小小的美丽幼儿园，园内有种着郁金香的花坛和金鱼池；后来，幼儿园变成了城里的大公园，变成了城市和国家。变成了一个洲乃至全世界，变成了天上的乐园和地上的象牙海岸，永远以新的魅力吸引着他们，永远放射着异彩。昨天的花园、公园或原始密林，今天或明天将变为一座庙堂，一座有着无数的殿宇和院落的庙堂；一切民族和时代的精神都聚集其中，都等待着新的召唤和复苏，都时刻准备着将它那万千声音和形式掩盖下的同一性体验。对于每一位真正的阅读者来说，这无尽的书籍世界都会是不同的样子，每一个人还将在其中寻觅并且体验到他自己。这个从童话和印第安人故事出发，继续摸索着走向莎士比亚和但丁；那个从课本里第一篇描写星空的短文开始，走向开普勒②或者爱因斯坦……通过原始密林的路有成千上万条，要达到的目的也有成千上万个，可没有一个是最后的终点，在眼前的终点后面，又将展现出一片片新的广阔的原野……

  这儿还根本未考虑世界上的书籍在不断地增多！不，每一个真正的读书家都能将现有的宝藏再研究苦读几十年和几百年，并为之欣悦无比，即使世界上不再增加任何一本书。我们每学会一种新的语言，都会增长新的体验——而世界上的语言何其多啊！……可就算一个读者不再学任何新的语言，甚至不再去接触他以前不知道的作品，他仍然可以将他的阅读无休止地进行下去，使之更精、更深。每一位思想家的每一部著作，每一位诗人的每一个诗篇，过一些年都会对读者呈现出新的、变化了的面貌，都将得到新的理解，在他心中唤起新的共鸣。我年轻时初次读歌德的《亲和力》只是似懂非懂，现在我大约第五次重读它了，它完全成了另一本书！这类经验的神秘和伟大之处

---

① 【恢宏】博大，宽宏。

② 【开普勒】德国杰出的天文学家、物理学家、数学家。

在于：我们越是懂得精细、深入和举一反三地阅读，就越能看出每一个思想和每一部作品的独特性、个性和局限性，看出它全部的美和魅力正是基于这种独特性和个性——与此同时，我们却相信自己越来越清楚地看到，世界各民族的成千上万种声音都追求同一个目标，都以不同的名称呼唤着同一些神灵，怀着同一些梦想，忍受着同样的痛苦。在数千年来不计其数的语言和书籍交织成的斑斓锦缎中，在一些个突然彻悟的瞬间，真正的读者会看见一个极其崇高的超现实的幻象，看见那由千百种矛盾的表情神奇地统一起来的人类的容颜。

练习与思考

一、给下列加点字注音

狭隘（　　）　闲暇（　　）　沉溺（　　）　慰藉（　　）

跋涉（　　）　戕害（　　）　符箓（　　）

二、结合课文讨论下面问题

1. 作者认为真正的修养"目的不在于提高这种或那种能力和本领"，对此，你如何理解？

2. 作者认为阅读不在于数量，说"有的人一生中只读过十来本书，却仍然不失为真正的读书人"，那么，作者倡导的是怎样的一种读书观？为什么通过读书获取教养要和"个性""人格"联系在一起？

3.为什么要重视阅读经典作品？文中提到"每一位思想家的每一部著作，每一位诗人的每一个诗篇，过一些年都会对读者呈现出新的、变化了的面貌，都将得到新的理解，在他心中唤起新的共鸣"，你有过这样的体验吗？这些体验说明了什么？

三、有人认为，读书能获取知识但不一定能铸炼智慧，有文凭不等同于知识分子，有文化未必有教养；人们通过读书求知，贤人却又告诫"尽信书不如无书"……你在校读书多年，有不少心得体会，你的学习经历中有没有值得反思的地方？联系你的学习，就这类问题发表自己的看法。

四、读读记记

1. 读书使人充实，思考使人深邃，交谈使人清醒。 ——【美国】富兰克林
2. 腹有诗书气自华，读书万卷始通神。 ——【中国】宋·苏轼

◆ 第三单元 为学之道 ◆

14 读书人是幸福人①

谢　冕

•课文导读•

  本文是北京大学中文系教授谢冕有关读书的一篇随笔，抒发了对阅读的热爱之情。列宁说："书籍是巨大的力量。"培根说："读书使人成为完善的人。"谢冕先生开篇即提出"读书人是世间幸福人"，因为读书人除现实世界外还拥有一个更为浩瀚丰富的世界，因为阅读能增广见识、进入不同时空的外部世界，因为读书能得到精神的感化与陶冶，还因为与好书结缘能使人"向善""避恶"。下面让我们跟随谢冕先生去体会他的为学之道与阅读心得吧！

  我常想读书人是世间幸福人，因为他除拥有现实的世界之外，还拥有另一个更为浩瀚广阔也更为丰富的世界。现实的世界是人人都有的，而后一个世界却为读书人所独有。由此我又想，那些失去或不能阅读的人是多么的不幸，他们的损失是无可补偿的。世间有诸多的不平等——财富的不平等，权利的不平等，而阅读能力的拥有或丧失却体现为精神的不平等。

  一个人的一生，只能感受自己拥有的那一份欣悦，那一份苦难，也许再加上他亲自闻知的那一些关于自身以外的经历和经验。然而，人们通过阅读，

---

① 选自《坐在云端吟唱的诗人》（西苑出版社2011年版，武世明编著）。谢冕（1932— ），福建福州人，著名文艺评论家、诗人、作家。先后出版了《文学的绿色革命》《新世纪的太阳——二十世纪中国诗潮》《论二十世纪中国文学》《1898：百年忧患》等专著十余种，另有散文随笔《世纪留言》《流向远方的水》等多种。

却能进入不同时空的诸多他人的世界。这样，具有阅读能力的人，无形间获得了超越有限生命的无限可能性。阅读不仅使他多识了草木虫鱼之名，而且可以上溯①远古下及未来，饱览存在的与非存在的奇风异俗。

更为重要的是，读书，加惠于人的不仅是知识的增广，而且还在于精神的感化与陶冶。人们从读书学做人，从那些往哲先贤以及当代才俊的著述中学得他们的人格品质。人们从《论语》学得智慧的思考；从《史记》学得严肃的历史精神；从《正气歌》学得人格的刚烈；从马克思学得入世的激情；从鲁迅学得批判精神；从列夫·托尔斯泰学得道德的执著。歌德的诗句刻写着睿智的人生，拜伦的诗句呼唤着奋斗的热情。一个读书人，是一个有机会拥有超乎个人生命体验的幸运人。

一个人一旦与书本结缘，极大的可能是注定了成为与崇高追求和高尚情趣相联系的人。说"极大的可能"，指的是不排除读书人中也有卑鄙和奸诈，况且，并非凡书皆好，在流传的书籍中，并非全是劝善之作，也有无价值的甚而起负面效果的。但我们所指的读书，总是以其优好品质得以流传一类，这类书对人的影响总是良性的。我之所以常感读书幸福，是从喜爱文学并读文学书的亲身感受而发。一旦与此种嗜好②结缘，人多半因而向往于崇高一类，对暴力的厌恶和对弱者的同情，使人心灵纯净而富正义感，人往往变得情趣高雅而趋避凡俗。或博爱、或温情、或抗争，大抵总引导人从幼年到成人，一步一步向着人间的美好境界前行。笛卡尔说："读一本好书，就是和许多高尚的人谈话"，这就是读书使人向善；雨果说："各种蠢事，在每天阅读好书的影响下，仿佛烤在火上一样渐渐熔化"，这就是读书使人避恶。

所以，我说，读书人是幸福人。

---

① 【上溯】指从当前向以往推。
② 【嗜好】喜好，特殊的爱好。

> 练习与思考

一、结合课文讨论下面问题

　　1. 第一自然段中，作者总结出的"两个世界"各指什么？

　　2. 文章第三段作者运用了什么论证方法？有什么作用？

　　3. 从全文看，作者为什么认为"读书人是幸福人"？

二、结合自己的读书经历，联系文中"并非凡书皆好"的观点，谈谈怎样对待"读书"这一问题。

三、读读记记

　　1. 读书之法无他，惟是笃志虚心，反复详玩，为有功耳。

　　　　　　　　　　　　　　　　　　　　——【中国】宋·朱熹

　　2. 书犹药也，善读之可以医愚。　　　　——【中国】汉·刘向

15 《学记》三则①

・课文导读・

《学记》是古代中国典章制度专著《礼记》中的一篇,写作于战国晚期。相传为西汉戴圣编撰。据郭沫若考证,作者为孟子的学生乐正克。《学记》文字言简意赅,喻辞生动,系统而全面地阐明了教育的目的及作用,教育和教学的制度、原则和方法,教师的地位和作用,教育过程中的师生关系以及同学之间的关系。其主张课内与课外相结合,课本学习和实际训练相结合,既要扩大知识领域,又要培养高尚的道德情操和良好的生活习惯,是中国古代也是世界上最早的一篇专门论述教育和教学问题的论著。

本篇选取了《学记》的三个重要段落,阐述了学习的重要性和必要性,介绍了教学与学习的方法,语言生动形象,论述深入浅出,使人读罢收获颇丰。

(一)

虽有嘉肴②,弗食,不知其旨③也;虽有至道④,弗学,不知其善也。是

---

① 选自《礼记译注:精编本》(商务印书馆2015年版,滕一圣译注)。《礼记》又名《小戴礼记》《小戴记》,是中国古代一部重要的典章制度选集,共二十卷四十九篇。戴圣(生卒年不详),字次君,西汉梁(群治在今河南商丘)人。西汉时期官员、学者、礼学家、汉代今文经学的开创者。戴圣与叔父戴德曾跟随后苍学《礼》,两人被后人合称为"大小戴"。乐正克(约公元前300—前200),姓乐正,名克,战国时鲁国人,思孟学派的重要人物,孟子的学生。
② 【嘉肴】美味的菜。嘉,好、美。肴,用鱼、肉做的菜。
③ 【旨】甘美。
④ 【至道】最好的道理。

故学然后知不足,教然后知困。知不足,然后能自反①也;知困,然后能自强②也。故曰:教学相长也。《兑命》曰:"学学半。"其此之谓乎。

(二)

学者有四失,教者必知之。人之学也,或失则多,或失则寡,或失则易③,或失则止④。此四者,心之莫同也。知其心,然后能救其失⑤也。教也者,长善而救其失者也。

(三)

善学者,师逸而功倍,又从而庸⑥之。不善学者,师勤而功半,又从而怨之。善问者,如攻坚木,先其易者,后其节目⑦,及其久也,相说⑧以解;不善问者反此。善待问者,如撞钟,叩之以小者则小鸣,叩之以大者则大鸣,待其从容,然后尽其声。不善答问者反此。此皆进学之道也。

---

① 【自反】反省自己。
② 【自强】自我勉励。
③ 【易】态度轻率。
④ 【止】畏难中止。
⑤ 【失】缺点。
⑥ 【庸】感激。
⑦ 【节目】关节处。
⑧ 【说】通"悦",愉悦。

> **练习与思考**

一、解释下列句中加点字

  1.虽有至道，弗学，不知其善也。_____

  2.然后能自反也。_____

  3.长善而救其失者也。_____

二、文中概括地指出了学生学习上普遍存在哪四种缺点及其形成原因？

三、翻译下列句子

  1.知不足，然后能自反也；知困，然后能自强也。故曰：教学相长也。

  2.知其心，然后能救其失也。教也者，长善而救其失者也。

  3.善待问者，如撞钟，叩之以小者则小鸣，叩之以大者则大鸣，待其从容，然后尽其声。

四、读读记记

  1.读书之法，在循序而渐进，熟读而精思。　　——【中国】宋·朱熹

  2.非学无以广才，非志无以成学。　　——【中国】三国·诸葛亮

口语交际训练：朗诵

朗诵是一种语言的艺术，需要创造性地将无声的书面语言变成有声语言。通过朗诵，读者可以陶冶性情，增强对文学作品的理解，进而培养对语言词汇细致入微的体味能力和表达能力。

要想成功地以朗诵的方式表现一部作品，首先要从整体上把握作品的思想内容、感情基调和精神实质。只有透彻地理解，才能有深切的感受，才能准确掌握作品的情感与节奏，正确表现作品的思想感情。在朗诵的准备工作中，我们应当了解作者当时的思想和作品的时代背景，深入理解作品的主题，并根据不同体裁作品的特点，领会作品的内容和表达方式。对于抒情性作品，应着重表现其抒情线索和感情基调。对于叙事类作品，应着重表现作品的情节与人物性格。对于议论类作品，需要通过分析理解，理清文章层次，明确文章的论述方法。

文学作品的感情基调有很多种，每一作品因表达感情的不同而有自己独特的基调，有的作品不同的部分基调也不一样，如：

1. 毛泽东的《沁园春·雪》属于典型的昂扬激越、乐观向上的基调；

2. 马致远的《天净沙·秋思》属于典型的凄凉萧条、低沉委婉的基调；

3. 郭沫若的《天上的街灯》的基调是美好、恬静，而略带一丝忧郁；

4. 朱自清的《荷塘月色》的感情基调则为"既有淡淡的忧愁，又有淡淡的喜悦"；

5. 王安忆的《上种红菱下种藕》是一种细腻平缓的基调；

6. 曹操的《观沧海》的感情基调是苍凉慷慨、悲壮激昂的；

7.毛泽东的《忆秦娥·娄山关》，上阕的基调是阴沉抑郁的，而下阕的基调则是高亢激昂，强烈的感情对比恰恰反映了作者的乐观主义精神和指挥若定的气魄；

8.大多数说明文的基调是平和的。

朗诵要注意呼吸、发音、吐字、停顿、重音、语速与语调等问题。

1.呼吸。自如地控制自己的呼吸能够使声音坚实有力、音质优美。有人在朗诵时呼吸急促，这是因为他使用的是胸式呼吸。朗诵需要有充足的气流，一般采用的是胸腹式呼吸法。它的特点是胸腔、腹腔都配合着呼吸进行收缩或扩张，尤其要注意横膈膜的运动。

2.发音。发音的关键是嗓子的运用。朗诵者的嗓音应该是柔和、动听和富于表现力的。朗诵者要注意提高自己对嗓音的控制和调节能力。此外，还要注意调节共鸣，这是使音色柔和、响亮、动听的重要技巧。发声时气流通过声门，振动声带发出音波，经过口腔或鼻腔的共鸣，形成不同的音色。改变口腔或鼻腔的状态，音色就会大不相同。例如舌位靠前，共鸣腔浅，可使声音清脆；舌位靠后，共鸣腔深，可使声音洪亮刚强。

3.吐字。吐字的技巧不仅关系到音节的清晰度，而且关系到声音的圆润、饱满。要吐字清楚，首先要熟练地掌握每个音节的声母、韵母、声调，按照它们的标准音来发音。其次，要克服发音含糊、吐词不清的毛病。朗诵时要使每个音节都让听众听清楚，发音就要有一定力度和时值，每个音素都要到位。

4.停顿。朗诵时，有些句子较短，按书面标点停顿即可。有些句子较长，结构比较复杂，句中虽无标点符号，但为了表意清楚，中途也可以作短暂的停顿。但如果停顿不当就会破坏句子的结构，这就叫读破句，是朗诵的忌讳。

5.重音。重音是指那些在表情达意上起重要作用、在朗诵时要加以特别强调的字、词或短语。重音是通过声音的强调来突出意义的，它能给色彩鲜明、形象生动的词增加分量。重音有以下几种情况：

①语法重音。语法重音是按语言习惯自然重读的音节,这些重读的音节大都是按照平时的语言规律确定的。

②强调重音。强调重音不受语法制约,作用在于揭示语言的内在含义。由于表达目的不同,强调重音落在不同的词语上所揭示的含义就不相同,表达的效果也不一样。

③感情重音。感情重音可以增强朗诵的感染力,经常出现在节奏强烈、情绪高涨的地方。

6.语速。适当掌握语速可以增强语言的表达效果。

①根据内容掌握语速。朗诵时的语速须与情境相适应,要根据具体的内容有所变化。

②根据体裁掌握语速。一般说,记事要读得快些,记言要读得慢些。

7.语调。语调指句子里声音高低升降的变化,其中以结尾的升降变化最为重要,一般是和句子的语气紧密结合的。朗诵时如能注意语调的升降变化,语音就有了音乐美,也就能够更细致地表达不同的思想感情。语调变化主要有以下几种:

①高升调。高升调多在疑问句、反诘句、短促的命令句子里使用,或者是在表示愤怒、紧张、警告、号召的句子里使用。朗诵时,注意前低后高、语气上扬。

②降抑调。降抑调一般用在感叹句、祈使句或表示坚决、自信、赞扬、祝愿等感情的句子里。表达沉痛、悲愤的感情,一般也用这种语调。朗诵时,注意调子逐渐由高降低,末字低而短。

③平直调。平直调一般多在叙述、说明或表示迟疑、思索、冷淡、追忆、悼念等句子里。朗诵时始终平直舒缓,没有显著的高低变化。

④曲折调。曲折调用于表示特殊的感情,如讽刺、讥笑、夸张、强调、双关、惊异等。朗诵时由高而低后高,把句子中某些特殊的音节特别加重加高或拖长,

形成一种升降曲折的变化。

一、朗诵诗词

诗词是一种常见的文学形式,它以凝练的语言、强烈的感情、和谐的韵律、深邃的意境来高度集中地反映现实生活和作者情感。朗诵诗词应注意以下几点:

1. 把握诗词的情感基调。一首诗总有一定的感情倾向,如余光中的诗《乡愁》是一首怀念祖国、渴望回归大陆的爱国诗篇,它以一种民谣的形式,倾吐了对祖国统一的强烈愿望,基调是深沉而忧郁的。

2. 理清诗词的结构层次。把握基调后,要进一步对诗词的内容与结构进行分析,理清其情感变化的层次。例如《乡愁》这首诗采用了对比互衬的写作方法,短短十六行诗就有八个"头"字,显示出鲜明的层次感。

3. 运用画面语言,展示诗词的意境。诗词往往通过典型画面激发读者想象的方式来完成艺术形象的塑造。例如李白的诗《梦游天姥吟留别》,意境雄浑而奇丽,朗诵时,我们要通过或轻或重、或抑或扬、高昂豪迈、迂回缓荡的技巧声声传情,步步入境,从而把诗中那种雄浑意境、缤纷意象展示给听众。

4. 读出诗词的节奏和韵律。节奏是诗词的生命,诗词富于音韵美的语言节奏是由舒展的音节、恰当的停顿、变化的语气共同构成的,把握节奏就是要对诗中的音节进行恰当的划分,以充满变化的语调表现丰富的感情。

如《天上的街市》第一段:

远远的／街灯／明了,

好像／天上的／明星,

天上的／明星／亮了,

好像／点着／无数的／街灯。

优美的语句展示着无比美妙的空中幻景,轻松而舒缓的节奏给听众带来无比美好的遐想，朗诵前要细细品味诗的节奏和韵律，方能渐入佳境。

二、朗诵散文

朗诵散文要注意两点：

1. 感情要真实。散文是心灵的体现，是真情的流露。朗诵时要充分把握不同的主题、结构和风格。如茅盾的《白杨礼赞》热情地赞美了白杨树，进而赞美了北方的农民，赞美我们民族在解放斗争中所不可缺少的质朴、坚强以及力求上进的精神。

2. 表达要有变化。散文语言自由舒展，表达细腻生动，抒情、叙述、描写相辅相成。朗诵时对不同语体风格要区别处理，叙述性语言的朗诵要语气舒展，声音明朗轻柔、娓娓动听；描写性语言要生动、形象、自然、贴切；抒情性语言要自然亲切、由衷而发；议论性语言要深沉含蓄、力透纸背。朗诵者应把握文章的语言特点，恰如其分地处理好语气的高低强弱、节奏的快慢急缓，力求真切地把作者的"情"抒发出来。

我们以朱自清先生的《匆匆》为例进行散文朗诵的具体分析。《匆匆》是朱自清的感兴之作，作者的情绪随着时间从无形到有形，从隐现到明晰。"燕子去了，有再来的时候；杨柳枯了，有再青了的时候；桃花谢了，有再开的时候。"作者几笔勾勒一幅淡淡的画面，不在于描绘春景的实感，而在于把读者带入画面之中，体会作者怅然若失的思绪。接着，用一系列排比句展示了时间的飞逝。吃饭、洗手、默思，是人们日常生活的细节，作者却敏锐地看到时间的流过。当他企图挽留时，它又伶俐地"跨过"，轻盈地"飞去"，悄声地"溜走"，急速地"闪过"了。时间步伐的节奏越来越快，我们听到了时间轻俏、活泼的脚步声，也听到了心灵的颤动。

在这篇散文中，排比句的朗诵尤为重要。《匆匆》表现作者追寻时间踪迹而引起情绪的飞快流动，为谐和情绪的律动，作者运用了一系列排比句："洗手的时候，日子从水盆里过去；吃饭的时候，日子从饭碗里过去；默默时……"

相同的句式成流线型，使听众仿佛看到时间的流动。而且句子大多是短句，五六字一句而显得轻快流畅。句法结构单纯，没有多层次的变化。朗诵时作品的音乐性不是体现在字音的抑扬顿挫方面，而是体现在句子的流畅轻快上，朗诵者需要通过鲜明生动的口语，把感情不受拘束地表现出来，语言的节奏和情绪的律动自然吻合，达到匀称和谐。

《匆匆》叠字的朗诵也使它的语言具有节奏美。阳光是"斜斜"的，它"轻轻悄悄"地挪移，"我""茫茫然"旋转，时间去得"匆匆"，它"伶伶俐俐"跨过……声情并茂地朗诵这些叠字，能够做到状客观之事与抒主观之情的和谐统一。此外，"徘徊""匆匆"等字眼反复出现，在朗诵中可以起到一唱三叹的效果。用较强的语气反复朗诵这些字眼，能够强化作品的主旋律，表现出感情起伏的波澜。

著名配音演员童自荣先生曾写过一篇关于朗诵的文章，可供我们学习借鉴。

朗 诵[①]

朗诵，难还是不难？若说可以轻而易举取得成功，我是完全没有这份自信的。倒是觉着要朗诵好很难，相当难。因为不能光有词儿，或是无病呻吟、自说自话，而是必须直面现场观众，且与他们形成活的交流，引起彼此共鸣，从而达到预想的打动观众的效果，这是非下功夫不可的。同样是语言艺术，配音要塑造角色，且原片有个样子必须参考，这是和朗诵不尽相同的，所以对于我，朗诵仍是一种尝试和学习。

先说个印象颇深的小插曲。那回我的朋友挺苦恼的，让他朗诵的诗篇来自边疆，内容特艰涩。他算是资深演员了，却怎么也难以消化、领悟，又来不及找原作者去讨教，于是他一边对我们发着牢骚，一边硬着头皮登台，结

---

① 选自童自荣《让我躲在幕后》（上海人民出版社2017年版）。

果可想而知。下了台,我们逗趣地问他:"现在应当弄懂了吧?"他一脸无奈地供认:"什么啊,我还是没整明白。"

这可见,选择好题材实在不可忽略,这是整个朗诵环节的第一关,而我们常常会栽倒在这个环节上。如果挑了自己不擅长的内容,或简直就是被动地为了匆匆完成一个交代下来的任务,那么你必定不能打动自己,也不可能打动观众。

近几年我曾多次朗诵过散文诗《泥巴》,粉丝朋友们,对这个作品应也不太陌生。为什么我特喜欢《泥巴》?诚如我每次朗诵都要先有个感言那样,这个出自于一位农家子弟的散文诗作品,字里行间充满着对泥巴、土地、父亲、故乡的深沉的爱,他的感情朴实无华,这也就是我喜欢的理由,也是极有欲望与大家分享我感动的原因。而我内心深处更有这样一份冲动,是想通过朗诵来表达我深深的忧虑和痛惜,是有这样一些房地产开发商,昧着良心,唯利是图,不像爱护国宝熊猫那样地保护土地,实施过度开发,可怜那些成熟的肥沃的土地被水泥无情地覆盖了。每次在提到"我"的农民父亲的时候,我想象中会出现两幅画面,一个是画家罗中立的肖像油画《父亲》,一个是父亲牵着"我"的小手,默默地,总是默默地向前去,且设定是父子俩的背影,渐渐走远。当画面真切浮现在脑际,此时正在朗诵的我,情不自禁会热泪盈眶……当然要控制,失控也就难成艺术。

总之,不要迷恋于技术、灯光之类,切记内容和表达决定一切,90%以上功夫要花在这里,喧宾夺主,本末倒置,结果只能是得不偿失。

朗诵要能打动台下观众,当然朗诵者需拥有饱满情绪、富有激情,这是没有疑问的,观众最享受的也正是你这一份发自内心的真切感受。问题是如何去获得激情?值得探索。我的体会是来不得什么小聪明,走什么捷径,需要的倒是老老实实静下心来,对作品展开具体的想象,亦需要反复推敲作品的大背景和规定情境,理解再理解,感受再感受……直到你爱上了作品,爱上了你所要刻画的人物，心里是满满的感动，到了这一步，你会产生强烈的不可遏制的欲望和冲动，就想冲上台去告诉大家，就渴望和观众一起来分享自己的感悟。其实，这就是激情了。如同我那时配"佐罗"，我深知自己做不了"佐罗"，但我至少要爱"佐罗"，相信"佐罗"，向往和学习"佐罗"。实际上，这已不光是个技巧问题，更是和配音者的为人有关了。当然，激情还要讲究个度，恰如其分才好。前辈配音演员在这点上做得十分出色。那种歇斯底里、爆发式的激情好拿捏，但心里有了，却含蓄而克制则难度很大，对演员是极大的考验，然而达到这样的境界才是最有感染力的。

不知道你有否这样的体会，有时在台下准备、排练过程中，会感动得热泪盈眶，难以自抑。谁知到了台上却会拿不出那种饱满的情绪，战战兢兢，脑子里一片空白，想象好的一幅幅画面都无影无踪，最后只剩下干巴巴的词儿，令自己沮丧不已。这就是演员做不到放松，而是被紧张这个恶魔纠缠住了。但松弛是演出时候特要紧的创作状态，亦是激情能否如愿迸发的前提。上译厂前辈演员如邱岳峰老师曾戏言：我就是背对画面，也能抓到角色的口型。我们这些做学生的都十分佩服大师们在棚里极松弛的状态，他们像是满不在乎地在玩一场游戏，但真开始实录了，他们就能瞬间进入角色，热情洋溢、忘却了周围的一切。怎样让自己放松下来，可惜我没什么灵丹妙药。反正我是不断实践、认真跑龙套之后才慢慢在棚里找到状态的，此外，自觉嗓子发挥自如亦可微妙助我从容表达。

这些年参加过一些台上的朗诵活动，多少有些心得体会，亦会形成自己某种套路，但这套路对我似是有效的。我简单归纳为"一头一尾""一慢一快"。头要开得好，这是给观众的第一印象。开头我尽可能不去朗诵，不去表演，采用诚恳的聊家常的方式，建立一种亲和力，消除与观众的距离，让观众会心地愿意听进去。显然那种在台上居高临下、不平等的姿态最是要不得。结尾处当然像乐曲一样要有结束感，或形成一个巨大惊叹号，令人震撼；或说得意味深长，让人回味无穷。之后，我重点会感受和寻找作品最感动人之处，这是作者最想让观众接受和记住的地方，这里不仅有最重要、最核心的词儿，也是想让观众留下深刻印象的地方。此时语速宜慢，努力运用低语气、停顿等等手段，把情绪充分抒发出来。你若动了情，观众被打动了，就不会嫌你慢。张弛有致，一慢还要一快，一来多一些变化，二来也容易吸引住观众，不致造成单调乏味。这时，一定不要被标点符号所限制，常常要连着说，一气呵成，造成爬坡或一泻千里的气势，给人淋漓酣畅的感觉。我就是每每这样尝试着做的，不成熟，不知是否会对朗诵爱好者们有某些参考。

宏扬朗诵艺术，无论对提升人们方方面面的修养，还是对继承发扬中华民族的文化都是一件功德无量的好事，愿朗诵艺术之花遍地盛开。

练一练

1. 班级组织现代诗朗诵比赛，请深入理解食指《相信未来》一诗的时代背景和思想内涵，并进行朗诵。

2. 学校组织散文朗诵比赛，请有感情地朗诵朱自清《匆匆》一文。

第四单元

风华少年

单元导语

  彼时青青少年，莫负灼灼韶华。少年代表着青春，代表着活力，每一位少年都有自己独特的风采，都是阳光的代表，都是祖国未来之栋梁。新时代背景下，广大青少年更要勇敢肩负起时代赋予的重任，志存高远，脚踏实地，努力在实现中华民族伟大复兴的"中国梦"的伟大征程中锻造青春梦想，用汗水和智慧铸就一个意气风发的青春中国。

  本单元围绕"风华少年"这一主题选取了5篇文章，或表达21世纪的女性选择做唐朝少年郎的内心诉求，或对古老中国和理想的少年中国作鲜明的对比，热情歌颂少年勇于改革的精神……无论哪一篇都诠释了"青年者，人生之王，人生之春，人生之华"的真谛。潘向黎在《做个唐朝少年郎》一文里，用生动的语言赞扬了唐朝少年郎，其目的是借古说今，表达自己的人生理想；李少白在《中华少年》这首诗歌里，以新时代中华少年的视角激情赞美了祖国，抒发了作为中华少年的由衷自豪之情，同时也表达了中华少年建设中华的坚强决心；林清玄在《白雪少年》一文中主要以对白雪公主泡泡糖包装纸的回忆，运用了以小见大的手法，来反映童年、母爱的主题；曹雪芹在《林黛玉进贾府》一文里，把少年林黛玉的自尊与多虑，少年贾宝玉对功名利禄的蔑视，王熙凤的泼辣与虚伪，都描写得惟妙惟肖，给我们留下了深刻的印象；梁启超在《少年中国说》里，热情歌颂少年勇于改革的精神，寄托了作者对少年中国的热爱和期望，批评消极保守思想，鼓励人们肩负责任，发奋图强，青年有梦，则国有梦。

  本单元基础写作为记叙文（写人），阐述了记叙文的基础知识、常用技法等，辅以案例点评，希望学生学会写人记叙文的创作方法。

16 做个唐朝少年郎

潘向黎①

• 课文导读 •

一个生活在 21 世纪的女性，为什么希望做一个"唐朝少年郎"呢？让我们带着这个问题一起来阅读课文。阅读时，要把握好重音的位置，准确理解、表达文意。要理解作者用生动的语言赞扬唐朝少年郎的目的是借古说今，表达自己的人生理想。请试着从文本中找出作者选择做唐朝少年郎的原因：渴望雄浑开阔的时代，渴望奔放昂扬的人生。学完课文，同学们可以在整体感知课文的基础上体会唐朝少年郎的奋斗历程，以引起自己对所学专业以及对未来的思考。

你愿意生活在哪个时代？有一天，突然有人这么问我。

唐朝，当然是唐朝！只有在那个年代，我希望我是个男人。只有奔放昂扬的男儿意气，才能和那个时代的雄浑开阔相称。

做一个唐代的翩翩少年郎！想一想都让人热血沸腾。

"新丰美酒斗十千，咸阳游侠多少年。

三彩釉陶鞍马

---

① 潘向黎(1966—)，福建泉州人，作家，著有小说集《无梦相随》《十年杯》《红尘白羽》《纯真年代》等多部，曾获庄重文学奖、鲁迅文学奖等。

相逢意气为君饮,系马高楼垂柳边。"美酒值万钱,咸阳的游侠多么年轻潇洒!彼此相逢又意气相投,且一起去畅饮一番吧,把马系在酒家旁的柳树下,且别管它。多么潇洒不羁!第一次读王维的这首《少年行》,我就想,只有那个胸襟开阔、元气淋漓、高歌狂饮、八面来风的唐朝,才出得了这样英气勃勃的少年郎。什么少年老成,什么仕途经济,都成了酒时的笑谈!除非是那些无情无趣的呆子,谁"忍把浮名,换了浅吟低唱"?何况"安能摧眉折腰事权贵,使我不得开心颜!"

我要练一身好武艺。我要四处游历名山大川。我路见不平,拔刀相助;我轻财重义,一诺千金;我来去如风,行迹萍踪。

"洛阳城里春光好,洛阳才子他乡老。"在自我放逐中用乡愁下酒,这是我的宿命。什么"记得绿罗裙,处处怜芳草",我可不喜欢这样的柔情羁绊,四海为家,我的心像一只飞鸟,功名利禄和儿女情长都是我要躲避的罗网。嗒嗒的马蹄声一路惊起许多卷帘人,我也不会回头望上一眼。

也许我会在江南多停留一些日子。烟云水上,画舫船头,那个长得像露珠一般的姑娘对我吟唱:"人人尽说江南好,游人只合江南老。春水碧如天,画船听雨眠。垆①边人似月,皓腕凝霜雪。未老莫还乡,还乡须断肠。"她的嗓子真是动听,琵琶弹得也好,害得我那个晚上差点失眠,但是我不能像一个白面书生那么多情。他们可以红袖添香,装模作样地读书,而我不能,握剑的人,心要纯正专一。

别以为我终日到处游荡、饮酒作乐、挥金如土、不务正业。我是一柄宝剑,别看我在壁上假寐,可是我一尘不染,削铁如泥。一旦外敌入侵,边关告急,我会精神一振,飞身上马,纵马绝尘而去。

此一去,"西出阳关无故人";此一去,"大漠风尘日黄昏";此一去,

---

① 【垆】酒店放置酒器的地方。

"黄沙百战穿金甲,不破楼兰终不还"!

一旦凯旋,我要马上去久违的酒家痛饮一场。我会痛快地喝至酩酊①,醉里绝不挑灯看剑,而是胡乱唱着我喜欢的歌:"人生短短几个秋啊……不醉不罢休……东边我的美人啊西边黄河流……来呀来个酒啊……不醉不罢休……愁情烦事别放心头……"

真的,生在盛唐,又正少年,那该有多好!

练习与思考

一、给下列加点字注音

翩翩（　　　）　胸襟（　　）　淋漓（　　）　仕途（　　）

羁绊（　　）　禄（　　）　嗒（　　）　舫（　　）

酩酊（　　）　垆（　　）　皓（　　）　寐（　　）

二、阅读课文,思考下列问题

1. 请用简洁的语言概括文中"唐朝少年郎"的形象特征。

2. 作者希望做个"唐朝少年郎"的理由是什么?

3. 你认为作者梦想"做个唐朝少年郎"的真正意图是什么?

---

① 【酩酊】形容醉得很厉害。

三、知识拓展

课文中作者盼望做个唐朝少年郎。请你以"做个唐朝少年郎,我自豪"为中心,写一段热情洋溢的话。

四、读读记记

1. 丹青不知老将至,富贵于我如浮云　　——【中国】唐·杜甫
2. 今日长缨在手,何时缚住苍龙。　　——【中国】毛泽东

17 中华少年

李少白

•课文导读•

热爱祖国是人世间最纯洁最博大的情感。本诗作者以新时代中华少年的视角激情赞美了祖国，抒发了中华少年热爱祖国、报效祖国的强烈情感，表达了中华少年的坚强决心以及作为中华少年的自豪之情。诗中"雪莲"喻指纯洁；"海燕"喻指勇敢乐观；"雏鹰"喻指抱负远大；"山丹丹"喻指热烈顽强。

甲　　从巍峨峻拔的高原走来，

　　　我是冰山上的一朵雪莲；

乙　　从碧波环抱的宝岛走来，

　　　我是海风中的一只乳燕；

丙　　从苍苍茫茫的草原走来，

　　　我是蓝天下翱翔的雏鹰；

丁　　从七沟八梁的黄土坡走来，

　　　我是黄河边鲜嫩的山丹丹。

齐　　啊！神州大地生长的希望，

---

① 选自《语言艺术素质测评教程》（第8册）（中国传媒大学出版社2016年版）。李少白(1939—)，湖南宁乡人，著名诗人，著有《长胡子的娃娃》《捎给爱美的孩子》《大尾巴奇遇记》《蒲公英嫁女儿》等，曾获"全国优秀少儿读物奖""中宣部全国五个一工程奖"等。

我们是中华的少年！

丁　九曲黄河让我懂得百折不回，

甲　莽莽昆仑使我学会立地顶天，

丙　教我纯洁的是北国的雪花，

乙　教我热烈的是南疆的红棉。

甲乙　龙的故土，民族的摇篮，

　　　锦绣山川，我们的家园。

甲　到刚劲端庄的方块字里，

　　感受"水浒""三国"的英雄豪气；

乙　到如歌如画的唐诗宋词中，

　　领略枫桥的钟声，大漠的孤烟；

丙　在外婆的歌谣里牙牙学语，

　　女娲、大禹的故事萦绕耳畔；

丁　在爷爷的臂弯下蹒跚学步，

　　冬子、雷锋的脚印引我向前。

丙丁　炎黄子孙，中华儿女，

　　　黑眼睛黄皮肤，不改的容颜。

丁　五月端阳，心随龙舟把诗魂追赶；

乙　八月中秋，借皎皎圆月遥寄思念。

丙　敖包会上，射箭摔跤，尽显小牧民的强悍；

甲　手捧哈达，欢歌劲舞，献给朋友美好的祝愿。

乙丙　东方之美滋养着龙的传人，

　　　五千年文化植根在我们心田。

丁　我们铭记着中华母亲的功德，

　　更不忘她承受的千灾百难。

    黄河纤夫拉不直问号般的身躯，
    长城的古砖挡不住洋炮的弹片。

丙 啊！是七月的星火，南湖的航船，
    让东方雄狮从噩梦中奋起。

甲 先驱者的热血复苏了千年冻土，
    神州才露出青春的笑脸，

乙 "春天的故事"①响彻大江南北，
    中华啊！展开了崭新的画卷。

甲 今天，历史和未来将由我们焊接，
    时代的接力棒要靠我们相传，
    站在新的起跑线上响亮回答：

齐 少年要谱写中华更璀璨的诗篇！

甲 不期望脚下处处阳关道，

乙 不幻想头顶一片艳阳天，

丙 不迷恋父兄给予的蜜罐温床，

丁 不忘记"最危险的时候"战歌飞旋！

甲 要做旗舰去长风破浪，

乙 要做火箭去推动飞船，

丙 要像利剑把贫穷斩断，

丁 要用爱心把世界相连。

甲丁 听，芦笙②和唢呐③一齐吹响，

乙丙 看，乳燕和雏鹰比翼联翩。

---

① 【春天的故事】是一首描述了改革开放和现代化建设的总设计师邓小平同志南方讲话的故事的歌曲。
② 【芦笙（lú shēng）】西南地区苗、瑶、侗等民族的簧管乐器。
③ 【唢呐（suǒ nà）】俗称"喇叭"，簧管乐器。

齐　五十六朵鲜花竞相开放，

　　　装点祖国万里大花园。

甲　让先辈的英灵自豪地惊叹：

齐　啊！这就是我的中华！

　　　这就是中华的少年！

练习与思考

一、给下列加点的字选择正确的读音。

刚劲（jìn jìng）　　哈达（hā hǎ）　　纤夫（qiān qiàn）

露出（lù lòu）　　滋养（zī cī）　　雏鹰（chú zhòu）

二、认真阅读诗歌，回答问题

"五十六朵鲜花竞相开放，装点祖国万里大花园。"这里的"五十六朵鲜花"是指_____。

请你写出其中的十个_____。

三、知识拓展

"诗是情感的凝结"，诗歌所承载的真、善、美的内容和高妙的艺术精华是很值得我们去追寻、去探索、去传承的。在班级分小组组织一次中华经典诗歌朗诵比赛，激发大家对优秀诗歌的热爱之情。

四、读读记记

1.为了成功地生活，少年人必须学习自立，铲除埋伏各处的障碍，在家庭要教养他，使他具有为人所认可的独立人格。　　——【美国】戴尔·卡耐基

2.莫等闲，白了少年头，空悲切。　　——【中国】宋·岳飞

18 白雪少年①

林清玄

·课文导读·

少年岁月充满了纯真无邪、无忧无虑，本文主要写作者对"白雪公主泡泡糖"包装纸的回忆，运用了以小见大的手法，来反映童年、母爱的主题。

"白雪公主泡泡糖"包装纸是本文的行文线索。"白雪少年"的形象正是借助于对"白雪公主泡泡糖"包装纸的回忆才逐渐清晰起来的。"白雪公主泡泡糖"包装纸因留有"白雪少年"童年的印迹才变得更有纪念意义。

我小学时代使用的一本中文字典，被母亲细心地保存了十几年，最近才从母亲的红木书柜里找到。那本字典被小时候粗心的手指扯掉了许多页，大概是拿去折纸船或飞机了，现在怎么回想都记不起来，由于有那样的残缺，更使我感觉到一种任性的温暖。

更惊奇的发现是，在翻阅这本字典时，找到一张已经变了颜色的"白雪公主泡泡糖"的包装纸，那是一张长条的鲜黄色纸，上面用细线印了一个白雪公主的面相，如今看起来，公主的图样已经有一点粗糙简陋了。至于如何会将"白雪公主泡泡糖"的包装纸夹在字典里，更是无从回忆。

到底是在上语文课时偷偷吃泡泡糖夹进去的，是夜晚在家里温书吃泡泡糖夹进去的，还是有意地保存了这张包装纸呢？翻遍中文字典也找不到答案。

---

① 选自《林清玄散文精选》（长江文艺出版社2016年版）。林清玄(1953—2019)，高雄旗山人，笔名秦情、林漓、林大悲等，台湾著名作家，出版过"身心安顿系列""菩提系列""人生寓言系列"等。

记忆仿佛自时空遁去,渺无痕迹了。

　　唯一记得的倒是那一种旧时乡间十分流行的泡泡糖,是粉红色长方形十分粗大的一块,一块五毛钱。对于长在乡间的小孩子,那时的五毛钱非常昂贵,是两天的零用钱,常常要咬紧牙根才买来一块,一嚼就是一整天,吃饭的时候把它吐在玻璃纸上包起,等吃过饭再放到口里嚼。

　　父亲看到我们那么不舍得一块泡泡糖,常生气地说:"那泡泡糖是用脚踏车坏掉的轮胎做成的,还嚼得那么带劲!"记得我还傻气地问过父亲:"是用脚踏车轮做的?怪不得那么贵!"惹得全家人笑得喷饭。

　　说是"白雪公主泡泡糖",应该是可以吹出很大气泡的,却不尽然。吃那泡泡糖多少靠运气,记得能吹出气泡的大概五块里才有一块,许多是硬到吹弹不动,更多的是嚼起来不能结成固体,弄得一嘴糖沫,赶紧吐掉,坐着伤心半天。我手里的这一张可能是一块能吹出大气泡的包装纸,否则怎么会小心翼翼地夹做纪念呢?

　　我小时候并不是很乖巧的那种孩子,常常为着要不到两毛钱的零用就赖在地上打滚,然后一边打滚一边偷看母亲的脸色,直到母亲被我搞烦了,拿到零用钱,我才欢天喜地地跑到街上去,或者就这样跑去买了一块"白雪公主泡泡糖",然后就嚼到天黑。

　　长大以后,再也没有在店里看过"白雪公主泡泡糖",都是细致而包装精美的一片一片的"口香糖";每一片都能嚼成形,每一片都能吹出气泡,反而没有像幼年一样能体会到买泡泡糖靠运气的心情。偶尔看到口香糖,还会想起童年,想起嚼"白雪公主泡泡糖"的滋味,但也总是一闪即逝,了无踪迹。直到看到中文字典中的包装纸,才坐下来顶认真地想起"白雪公主泡泡糖"的种种。

　　如果现在还有那样的工厂,恐怕不再是用脚踏车轮制造,可能是用飞机轮子了!我这样游戏地想着。

那一本母亲珍藏十几年的中文字典，薄薄的一本，里面缺页的缺页、涂抹的涂抹，对我已经毫无用处，只剩下纪念的价值。那一张泡泡糖的包装纸，整整齐齐，毫无毁损，却宝藏了一段十分快乐的记忆；使我想起真如白雪一样无瑕的少年岁月，因为它那样白那样纯净，几乎所有的事物都可以涵容。

那些岁月虽在我们的流年中消逝，但借着非常微小的事物，往往一勾就是一大片，仿佛是草原里的小红花，先是看到了那朵红花，然后发现了一整片大草原，红花可能凋落，而草原却成为一个大的背景，我们就在那背景里成长起来。

那朵红花不只是"白雪公主泡泡糖"，可能是深夜里巷底按摩人悠长的笛声，可能是收破铜烂铁老人沙哑的叫声，也可能是夏天里卖冰淇淋小贩的喇叭声……有一回我重读小学时看过的《少年维特的烦恼》，书里就曾夹着用歪扭字体写成的纸片，只有七个字："多么可怜的维特"，其实当时我哪里知道歌德，只是那七个字，让我童年伏案的身影整个显露出来，那身影可能和维特是一样纯情的。

有时候我不免后悔童年留下的资料太少，常想："早知道，我不会把所有的笔记簿都卖给收破烂的老人。"可是如果早知道，我就不是纯净如白雪的少年，而是一个多虑的少年了。那么丰富的资料原也不宜留录下来，只宜在记忆里沉潜，在雪泥中找到鸿爪，或者从鸿爪体会那一片雪。

这样想时，我就特别感恩着母亲。因为在我无知的岁月里，她比我更珍视我所拥有过的童年，在她的照相簿里，甚至还有我穿开裆裤的照片。那时的我，只有父母有记忆，对我是完全茫然了，就像我虽拥有"白雪公主泡泡糖"的包装纸，那块糖已完全消失，只留下一点甜意——那甜意竟也有赖母亲爱的保存。

练习与思考

一、阅读课文，思考下列问题

  1. 残缺的字典给现在的"我"怎样的感受？你能理解这感受吗？

  2. 为什么"我"想起少年特别感恩母亲？

  3. 泡泡糖是轮胎做的说明什么？"我"的看法怎样？你读出了什么？

  4. 为什么"每一片都能嚼成形，每一片都能吹出气泡，反而没有像幼年一样能体会到买泡泡糖靠运气的心情"？这样的写法给你什么启示？

二、知识拓展

  梁启超说，少年人常思将来。少年时代一刻千金，要勇于探索，追求更高的人生境界。请围绕下面列举的几句话，在班级开展一次谈心活动，说说自己的认识与体会。

  1. "日出而作，日入而息，不识天工，安知帝力？" "凿井而饮，耕田而食，不识不知，顺帝之则。"（帝之则：自然法则或社会法则）

  2. "若夫乘天地之正，而御六气之辩，以游无穷者，彼且恶乎待哉？"故曰："至人无己，神人无功，圣人无名。"

3."书中自有千钟粟,书中自有颜如玉,书中自有黄金屋。"

4."僵卧孤村不自哀,尚思为国戍轮台。夜阑卧听风吹雨,铁马冰河入梦来。"

三、读读记记

1.我所有的一切都归功于我的母亲。我一生中所有的成就都归功于我从她那儿得到的德、智、体的教育。　　　　　　　　——【美国】乔治·华盛顿

2.少年易老学难成,一寸光阴不可轻。未觉池塘春草梦,阶前梧叶已秋声。

——【中国】宋·朱熹

◆ 第四单元 风华少年 ◆

19 林黛玉进贾府①

曹雪芹

• 课文导读 •

本文节选自《红楼梦》第三回。《红楼梦》全书共一百二十回,它以贾、史、王、薛四大家族为背景,以贾宝玉、林黛玉的爱情悲剧为主要线索,艺术而真实地反映了中国封建社会日趋衰落的历史趋势。

节选部分主要人物形象鲜明,人物性格特点各不相同。林黛玉的自尊与多虑,贾宝玉对功名利禄的蔑视,王熙凤的泼辣与虚伪,都给我们留下了深刻的印象。

阅读本文时,要注意描写人物手法多样性,学会在欣赏时仔细思考。

且说黛玉自那日弃舟登岸时,便有荣国府打发了轿子并拉行李的车辆久候了。这林黛玉常听得母亲说过,他外祖母家与别家不同。他近日所见的这几个三等仆妇,吃穿用度,已是不凡了,何况今至其家。因此步步留心,时时在意,不肯轻易多说一句话,多行一步路,惟恐被人耻笑了他去。自上了轿,进入城中,从纱窗向外瞧了一瞧,其街市之繁华,人烟之阜盛,自与别处不同。又行了半日,忽见街北蹲着两个大石狮子,三间兽头大门,门前列坐着十来个华冠丽服之人。正门却不开,只有东西两角门有人出入。正门之上有

---

① 选自《古典名篇赏析》(首都师范大学出版社1994年版,姜汉林编著)。曹雪芹(约1715—约1763),名霑,字梦阮,号雪芹。《红楼梦》全书共一百二十回,前八十回为曹雪芹著,后四十回一般认为是高鹗补续。课文题目是编者所加。

一匾，匾上大书"敕造①宁国府"五个大字。黛玉想道：这必是外祖之长房了。想着，又往西行，不多远，照样也是三间大门，方是荣国府了。却不进正门，只进了西边角门。那轿夫抬进去，走了一射之地②，将转弯时，便歇下退出去了。后面的婆子们已都下了轿，赶上前来。另换了三四个衣帽周全十七八岁的小厮上来，复抬起轿子。众婆子步下围随至一垂花门③前落下。众小厮退出，众婆子上来打起轿帘，扶黛玉下轿。林黛玉扶着婆子的手，进了垂花门，两边是抄手游廊④，当中是穿堂⑤，当地放着一个紫檀架子大理石的大插屏⑥。转过插屏，小小的三间厅，厅后就是后面的正房大院。正面五间上房，皆雕梁画栋，两边穿山游廊⑦厢房，挂着各色鹦鹉、画眉等鸟雀。台矶之上，坐着几个穿红着绿的丫头，一见他们来了，便忙都笑迎上来，说："刚才老太太还念呢，可巧就来了。"于是三四人争着打起帘笼，一面听得人回话："林姑娘到了。"

黛玉方进入房时，只见两个人搀着一位鬓发如银的老母迎上来，黛玉便知是他外祖母。方欲拜见时，早被他外祖母一把搂入怀中，心肝儿肉叫着大哭起来。当下地下侍立之人，无不掩面涕泣，黛玉也哭个不住。一时众人慢慢解劝住了，黛玉方拜见了外祖母。——此即冷子兴所云之史氏太君，贾赦贾政之母也。当下贾母一一指与黛玉："这是你大舅母，这是你二舅母，这

---

① 【敕(chì)造】奉帝王之命建造。敕，本来是自上命下的用语，南北朝以前，通用于长官对下属、长辈对晚辈，以后作为皇帝发布诏令的专称。
② 【一射之地】就是一箭之地，大约一百五十步。
③ 【垂花门】旧时富家宅院，进入大门之后，内院院门一般有雕刻的垂花倒悬于门额两侧，门上边盖有宫殿式的小屋顶，称垂花门。
④ 【抄手游廊】院门内两侧环抱的走廊。
⑤ 【穿堂】宅院中，坐落在前后两个院落之间可以穿行的厅堂。
⑥ 【大插屏】放在穿堂中的大屏风，除作装饰外，还可以遮蔽视线，以免进入穿堂就直见正房。
⑦ 【穿山游廊】从山墙开门接起的游廊。山，指山墙，房子两侧的墙，形状如山，俗称山墙。

是你先珠大哥的媳妇珠大嫂子。"黛玉一一拜见过。贾母又说："请姑娘们来。今日远客才来，可以不必上学去了。"众人答应了一声，便去了两个。

不一时，只见三个奶嬷嬷并五六个丫鬟，簇拥着三个姊妹来了。第一个肌肤微丰，合中身材，腮凝新荔，鼻腻鹅脂，温柔沉默，观之可亲。第二个削肩细腰，长挑身材，鸭蛋脸面，俊眼修眉，顾盼神飞，文彩精华，见之忘俗。第三个身量未足，形容尚小。其钗环裙袄，三人皆是一样的妆饰。黛玉忙起身迎上来见礼，互相厮认过，大家归了坐。丫鬟们斟上茶来。不过说些黛玉之母如何得病，如何请医服药，如何送死发丧。不免贾母又伤感起来，因说："我这些儿女，所疼者独有你母，今日一旦先舍我而去，连面也不能一见，今见了你，我怎不伤心！"说着，搂了黛玉在怀，又呜咽起来。众人忙都宽慰解释，方略略止住。

众人见黛玉年貌虽小，其举止言谈不俗，身体面庞虽怯弱不胜，却有一段自然的风流态度，便知他有不足之症。因问："常服何药，如何不急为疗治？"黛玉道："我自来是如此，从会吃饮食时便吃药，到今日未断，请了多少名医修方配药，皆不见效。那一年我三岁时，听得说来了一个癞头和尚，说要化我去出家，我父母固是不从。他又说：'既舍不得他，只他的病一生也不能好的了。若要好时，除非从此以后总不许见哭声；除父母之外，凡有外姓亲友之人，一概不见，方可平安了此一世。'疯疯癫癫，说了这些不经①之谈，也没人理他。如今还是吃人参养荣丸。"贾母道："正好，我这里正配丸药呢。叫他们多配一料就是了。"

一语未了，只听后院中有人笑声，说："我来迟了，不曾迎接远客！"黛玉纳罕道："这些人个个皆敛声屏气，恭肃严整如此，这来者系谁，这样

---

① 【不经】不合常理，近乎荒诞。

放诞①无礼?"心下想时,只见一群媳妇丫鬟围拥着一个人从后房门进来。这个人打扮与众姑娘不同,彩绣辉煌,恍若神妃仙子:头上戴着金丝八宝攒珠髻②,绾着朝阳五凤挂珠钗③;项上带着赤金盘螭璎珞圈④;裙边系着豆绿宫绦,双衡比目玫瑰佩⑤;身上穿着缕金百蝶穿花大红洋缎窄裉袄⑥,外罩五彩刻丝石青银鼠褂⑦;下着翡翠撒花洋绉裙⑧。一双丹凤三角眼⑨,两弯柳叶吊梢眉⑩,身量苗条,体格风骚⑪,粉面含春威不露,丹唇未启笑先闻。黛玉连忙起身接见。贾母笑道:"你不认得他。他是我们这里有名的一个泼皮破落户儿⑫,南省俗谓作'辣子',你只叫他'凤辣子'就是了。"黛玉正不知以何称呼,只见众姊妹都忙告诉他道:"这是琏嫂子。"黛玉虽不识,也曾听见母亲说过,大舅贾赦之子贾琏,娶的就是二舅母王氏之内侄女,自幼假充男儿教养的,学名王熙凤。黛玉忙陪笑见礼,以"嫂"呼之。这熙凤携

---

① 【放诞】放纵不守规范。

② 【金丝八宝攒珠髻】用金丝穿绕珍珠和镶嵌八宝(玛瑙、碧玉之类)制成珠花的发髻。攒,凑聚。用金丝或银丝把珍珠扭成各种花样叫"攒珠花"。

③ 【朝阳五凤挂珠钗】一种长钗,样子是一支钗上分出五股,每股一只凤凰,口衔一串珍珠。

④ 【赤金盘螭(chī)璎珞(yīng luò)圈】螭,古代传说中的无角龙。璎珞,古代用珠玉穿成的戴在颈项上的装饰品。圈,项圈。

⑤ 【双衡比目玫瑰佩】衡,佩玉上部的小横杠,用以系饰物。比目玫瑰佩,用玫瑰色的玉片雕琢成的双鱼形的玉佩。

⑥ 【缕金百蝶穿花大红洋缎窄裉(kèn)袄】指在大红洋缎的衣面上用金线绣成百蝶穿花图案的紧身袄。裉,上衣前后两幅在腋下合缝的部分。

⑦ 【五彩刻丝石青银鼠褂】石青色的衣面上有各种彩色刻丝、衣里是银鼠皮的褂子。刻丝,在丝织品上用丝平织成的图案,与凸出的绣花不同。石青,淡灰青色。银鼠,又名白鼠、石鼠。

⑧ 【翡翠撒花洋绉裙】翡翠,翠绿色。撒花,在绸缎上用散碎小花点组成的花样或图案。洋绉,极薄而软的平纹春绸,微带自然皱纹。

⑨ 【丹凤三角眼】眼角向上微翘,俗称丹凤眼。

⑩ 【柳叶吊梢眉】形容眉梢斜飞入鬓的样子。

⑪ 【风骚】这里指姿容俏丽。

⑫ 【泼皮破落户儿】原指没有正当生活来源的无赖。这里形容凤姐泼辣,是戏谑的称谓。

着黛玉的手，上下细打谅①了一回，仍送至贾母身边坐下，因笑道："天下真有这样标致的人物，我今儿才算见了！况且这通身的气派，竟不象老祖宗的外孙女儿，竟是个嫡亲的孙女，怨不得老祖宗天天口头心头一时不忘。只可怜我这妹妹这样命苦，怎么姑妈偏就去世了！"说着，便用帕拭泪。贾母笑道："我才好了，你倒来招我。你妹妹远路才来，身子又弱，也才劝住了，快再休提前话。"这熙凤听了，忙转悲为喜道："正是呢！我一见了妹妹，一心都在他身上了，又是喜欢，又是伤心，意忘记了老祖宗。该打，该打！"又忙携黛玉之手，问："妹妹几岁了？可也上过学？现吃什么药？在这里不要想家，想要什么吃的、什么玩的，只管告诉我，丫头老婆们不好了，也只管告诉我。"一面又问婆子们："林姑娘的行李东西可搬进来了？带了几个人来？你们赶早打扫两间下房，让他们去歇歇。"

　　说话时，已摆了茶果上来。熙凤亲为捧茶捧果。又见二舅母问他："月钱②放过了不曾？"熙凤道："月钱已放完了。才刚带着人到后楼上找缎子，找了这半日，也并没有见昨日太太说的那样的，想是太太记错了？"王夫人道："有没有，什么要紧。"因又说道："该随手拿出两个来给你这妹妹去裁衣裳的，等晚上想着叫人再去拿罢，可别忘了。"熙凤道："这倒是我先料着了，知道妹妹不过这两日到的，我已预备下了，等太太回去过了目好送来。"王夫人一笑，点头不语。

　　当下茶果已撤，贾母命两个老嬷嬷带了黛玉去见两个母舅。时贾赦之妻邢氏忙亦起身，笑回道："我带了外甥女过去，倒也便宜③。"贾母笑道："正是呢，你也去罢，不必过来了。"邢夫人答应了一声"是"字，遂带了黛玉与王夫人作辞，大家送至穿堂前。出了垂花门，早有众小厮们拉过一辆翠幄

---

① 【打谅】打量。
② 【月钱】封建社会的富户大家每月按等级发给家中人等供零用的钱。
③ 【便（biàn）宜】这里指方便的意思。

青绸车①，邢夫人携了黛玉，坐在上面，众婆子们放下车帘，方命小厮们抬起，拉至宽处，方驾上驯骡，亦出了西角门，往东过荣府正门，便入一黑油大门中，至仪门②前方下来。众小厮退出，方打起车帘，邢夫人搀着黛玉的手，进入院中。黛玉度其房屋院宇，必是荣府中花园隔断过来的。进入三层仪门，果见正房厢庑③游廊，悉皆小巧别致，不似方才那边轩峻壮丽；且院中随处之树木山石皆好。一时进入正室，早有许多盛妆丽服之姬妾丫鬟迎着，邢夫人让黛玉坐了，一面命人到外面书房去请贾赦。一时人来回话说："老爷说了：'连日身上不好，见了姑娘彼此倒伤心，暂且不忍相见。劝姑娘不要伤心想家，跟着老太太和舅母，即同家里一样。姊妹们虽拙，大家一处伴着，亦可以解些烦闷。或有委屈之处，只管说得，不要外道才是。'"黛玉忙站起来，一一听了。再坐一刻，便告辞。邢夫人苦留吃过晚饭去，黛玉笑回道："舅母爱惜赐饭，原不应辞，只是还要过去拜见二舅舅，恐领赐去不恭，异日再领，未为不可。望舅母容谅。"邢夫人听说，笑道："这倒是了。"遂令两三个嬷嬷用方才的车好生送了姑娘过去。于是黛玉告辞。邢夫人送至仪门前，又嘱咐了众人几句，眼看着车去了方回来。

一时黛玉进了荣府，下了车。众嬷嬷引着，便往东转弯，穿过一个东西的穿堂，向南大厅之后，仪门内大院落，上面五间大正房，两边厢房鹿顶耳房钻山④，四通八达，轩昂壮丽，比贾母处不同。黛玉便知这方是正经正内室，一条大甬路，直接出大门的。进入堂屋中，抬头迎面先看见一个赤金九龙青地大匾，匾上写着斗大的三个大字，是"荣禧堂"，后有一行小字："某

---

① 【翠幄（wò）青绸车】用粗厚的绿色绸类作车帐、用青色绸作车帘的轿车。
② 【仪门】旧时官衙、府第的大门之内的门。一说，旁门也可称为仪门。
③ 【庑（wǔ）】正房对面和两侧的小屋子。
④ 【两边厢房鹿顶耳房钻山】两边的厢房用钻山的方式与鹿顶的耳房相连接。鹿顶，单独用时指平房顶。耳房，连接在正房两侧的小房子。钻山，指山墙上开门或开洞，与相邻的房子或游廊相接。

年月日，书赐荣国公贾源"，又有"万几宸翰之宝"①。大紫檀雕螭案上，设着三尺来高青绿古铜鼎，悬着待漏随朝墨龙大画②，一边是金蜼彝③，一边是玻璃盒④。地下两溜十六张楠木交椅，又有一副对联，乃乌木联牌，镶着錾银⑤的字迹，道是：

座上珠玑昭日月，堂前黼黻焕烟霞⑥。

下面一行小字，道是："同乡世教弟勋袭东安郡王穆莳⑦拜手书。"

原来王夫人时常居坐宴息，亦不在这正室，只在这正室东边的三间耳房内。于是老嬷嬷引黛玉进东房门来。临窗大炕上铺着猩红洋罽⑧，正面设着大红金钱蟒靠背，石青金钱蟒引枕⑨，秋香色⑩金钱蟒大条褥。两边设一对梅花式洋漆小几。左边几上文王鼎匙箸香盒⑪；右边几上汝窑美人觚⑫——觚内插着时鲜花卉，并茗碗痰盒等物。地下面西一溜四张椅上，都搭着银红撒花

---

① 【万几宸（chén）翰之宝】这是皇帝印章的文字。万几，万机，即万事，形容皇帝政务繁多，日理万机。"几"，通"机"。
② 【待漏随朝墨龙大画】待漏，封建时代大臣要在五更前到朝房里等待上朝的时刻。漏，铜壶滴漏，古代计时器，代指时间。随朝，按照大臣的班列朝见皇帝。墨龙大画，巨龙在云雾海潮中隐现的大幅墨画。旧时以龙象征帝王，画中之"潮"，与朝见之"朝"谐音，隐喻上朝陛见君王的意思。
③ 【金蜼（wěi）彝】原为有蜼形图案的青铜祭器，后作贵重陈设品。蜼，一种长尾猿。彝，古代青铜器中礼器的通称。
④ 【盒（hǎi）】盛酒器。
⑤ 【錾（zàn）银】一种银雕工艺。錾，雕刻。
⑥ 【座上珠玑昭日月，堂前黼黻（fǔ fú）焕烟霞】形容座中人和堂上客的衣饰华贵：佩戴的珠玉如日月般光彩照人，衣服的图饰如烟霞般绚丽夺目。珠玑，珍珠。黼黻，古代礼服上青黑相间的花纹。黼，半黑半白的斧形图案。黻，半黑半青的斧形图案。
⑦ 【莳（shí）】这里用于人名。
⑧ 【罽（jì）】毛织的毯子。
⑨ 【引枕】坐时搭扶胳膊的一种圆墩形的倚枕。
⑩ 【秋香色】淡黄绿色。
⑪ 【文王鼎匙箸香盒】文王鼎，指周的传国国鼎，这里说的是小型仿古香炉，内烧粉状檀香之类的香料。匙箸，拨弄香灰的用具。香盒，盛香料的盒子。
⑫ 【汝窑美人觚（gū）】宋朝河南汝窑烧制的一种仿古瓷器。觚，古代盛酒器，长身细腰，形如美人。

椅搭①，底下四副脚踏。椅之两边，也有一对高几，几上茗碗瓶花俱备。其余陈设，自不必细说。老嬷嬷们让黛玉炕上坐，炕沿上却有两个锦褥对设，黛玉度其位次，便不上炕，只向东边椅子上坐了。本房内的丫鬟忙捧上茶来。黛玉一面吃茶，一面打谅这些丫鬟们，妆饰衣裙，举止行动，果亦与别家不同。

茶未吃了，只见一个穿红绫袄青缎掐牙②背心的丫鬟走来笑说道："太太说，请林姑娘到那边坐罢。"老嬷嬷听了，于是又引黛玉出来，到了东廊三间小正房内。正房炕上横设一张炕桌，桌上磊着③书籍茶具，靠东壁面西设着半旧的青缎背引枕。王夫人却坐在西边下首，亦是半旧的青缎靠背坐褥。见黛玉来了，便往东让。黛玉心中料定这是贾政之位。因见挨炕一溜三张椅子上，也搭着半旧的弹墨椅袱④，黛玉便向椅上坐了。王夫人再四携他上炕，他方挨王夫人坐了。王夫人因说："你舅舅今日斋戒去了，再见罢。只是有一句话嘱咐你：你三个姊妹倒都极好，以后一处念书认字学针线，或是偶一顽笑，都有尽让的。但我不放心的最是一件：我有一个孽根祸胎，是家里的'混世魔王'，今日庙里还愿去了，尚未回来，晚间你看见便知了。你只以后不要睬他，你这些姊妹都不敢沾惹他的。"

黛玉亦常听得母亲说过，二舅母生的有个表兄，乃衔玉而诞，顽劣异常，极恶读书，最喜在内帏⑤厮混；外祖母又极溺爱，无人敢管。今见王夫人如此说，便知说的是这表兄了。因陪笑道："舅母说的，可是衔玉所生的这位哥哥？在家时亦曾听见母亲常说，这位哥哥比我大一岁，小名就唤宝玉，虽

---

① 【椅搭】搭在椅上的一种长方形的绣花绸缎饰物。

② 【掐牙】锦缎双叠成细条，嵌在衣服或者背心的夹边上，仅露少许，作为装饰。

③ 【磊着】层叠地放着。

④ 【弹墨椅袱】以纸剪镂空图案覆于织品上，用墨色或者其他颜色弹或喷成各种图案花样，叫弹墨。椅袱，用锦、缎之类做成的椅套。

⑤ 【内帏】内室，女子的居处。帏，幕帐。

极憨顽,说在姊妹情中极好的。况我来了,自然只和姊妹同处,兄弟们自是别院另室的,岂得有沾惹之理?"王夫人笑道:"你不知道原故:他与别人不同,自幼因老太太疼爱,原系同姊妹们一处娇养惯了的。若姊妹们有日不理他,他倒还安静些,纵然他没趣,不过出了二门,背地里拿着他两个小幺儿①出气,咕唧一会子就完了。若这一日姊妹们和他多说一句话,他心里一乐,便生出多少事来。所以嘱咐你别睬他。他嘴里一时甜言蜜语,一时有天无日,一时又疯疯傻傻,只休信他。"

黛玉一一的都答应着。只见一个丫鬟来回:"老太太那里传晚饭了。"王夫人忙携黛玉从后房门由后廊往西,出了角门,是一条南北宽夹道。南边是倒座②三间小小的抱厦厅③,北边立着一个粉油大影壁④,后有一半大门,小小一所房室。王夫人笑指向黛玉道:"这是你凤姐姐的屋子,回来你好往这里找他来,少什么东西,你只管和他说就是了。"这院门上也有四五个才总角⑤的小厮,都垂手侍立。王夫人遂携黛玉穿过一个东西穿堂,便是贾母的后院了。于是,进入后房门,已有多人在此伺候,见王夫人来了,方安设桌椅。贾珠之妻李氏捧饭,熙凤安箸,王夫人进羹。贾母正面榻上独坐,两边四张空椅,熙凤忙拉了黛玉在左边第一张椅上坐了,黛玉十分推让。贾母笑道:"你舅母你嫂子们不在这里吃饭。你是客,原应如此坐的。"黛玉方告了座,坐了。贾母命王夫人坐了。迎春姊妹三个告了座方上来。迎春便坐右手第一,探春左第二,惜春右第二。旁边丫鬟执着拂尘、漱盂、巾帕。李、

---

① 【小幺(yāo)儿】身边使唤的小仆人。幺,幼小。
② 【倒座】正房是坐北朝南,"倒座"是与正房相对的坐南朝北的房子。
③ 【抱厦厅】回绕堂屋的侧室。
④ 【影壁】俗称照墙,于门内或门外用作屏障或者装饰。
⑤ 【总角】儿童向上分开的两个发髻,代指儿童时代。

凤二人立于案旁布让①。外间伺候之媳妇丫鬟虽多，却连一声咳嗽不闻。寂然饭毕，各有丫鬟用小茶盘捧上茶来。当日林如海教女以惜福养身，云饭后务待饭粒咽尽，过一时再吃茶，方不伤脾胃。今黛玉见了这里许多事情不合家中之式，不得不随的，少不得一一改过来，因而接了茶。早见人又捧过漱盂来，黛玉也照样漱了口。盥手毕，又捧上茶来，这方是吃的茶。贾母便说："你们去罢，让我们自说话儿。"王夫人听了忙起身，又说了两句闲话，方引凤、李二人去了。贾母因问黛玉念何书。黛玉道："只刚念了《四书》。"黛玉又问姊妹们读何书。贾母道："读的是什么书，不过是认得两个字，不是睁眼的瞎子罢了！"

一语未了，只听外面一阵脚步响，丫鬟进来笑道："宝玉来了！"黛玉心中正疑惑着："这个宝玉，不知是怎生个惫懒②人物，懵懂顽童？"——倒不见那蠢物也罢了。心中想着，忽见丫鬟话未报完，已进来了一位年轻的公子：头上戴着束发嵌宝紫金冠③，齐眉勒着二龙抢珠金抹额④；穿一件二色金百蝶穿花大红箭袖⑤，束着五彩丝攒花

宝黛相会

---

① 【布让】宴席间向客人敬菜、劝餐。
② 【惫懒】涎皮赖脸的意思。
③ 【嵌宝紫金冠】把头发束扎在顶部的一种髻冠，上面插戴各种饰物或镶嵌珠玉。
④ 【二龙抢珠金抹额】二龙戏珠，抹额上装饰的图案。抹额，围扎在额前，用以压发、束额。
⑤ 【二色金百蝶穿花大红箭袖】用两色金线绣成的百蝶穿花图案的大红窄袖衣服。箭袖，原为便于射箭穿的窄袖衣服，这里指男子穿的一种服式。

结长穗宫绦①,外罩石青起花八团倭缎排穗褂②;登着青缎粉底小朝靴③。面若中秋之月,色如春晓之花,鬓若刀裁,眉如墨画,面如桃瓣,目若秋波。虽怒时而若笑,即瞋视而有情。项上金螭璎珞,又有一根五色丝绦,系着一块美玉。黛玉一见,便吃一大惊,心下想道:"好生奇怪,倒像在那里见过一般,何等眼熟到如此!"只见这宝玉向贾母请了安④,贾母便命:"去见你娘来。"宝玉即转身去了。一时回来,再看,已换了冠带:头上周围一转的短发,都结成小辫,红丝结束,共攒至顶中胎发,总编根大辫,黑亮如漆,从顶至梢,一串四颗大珠,用金八宝坠角⑤;身上穿着银红撒花半旧大袄,仍旧带着项圈、宝玉、寄名锁⑥、护身符⑦等物;下面半露松花撒花绫裤腿,锦边弹墨袜,厚底大红鞋。越显得面如敷粉,唇若施脂;转盼多情,语言常笑。天然一段风骚,全在眉梢;平生万种情思,悉堆眼角。看其外貌最是极好,却难知其底细。后人有《西江月》二词⑧,批宝玉极恰,其词曰:

无故寻愁觅恨,有时似傻如狂。纵然生得好皮囊⑨,腹内原来草莽。潦倒

---

① 【五彩丝攒花结长穗宫绦】五彩丝攒花结,用五彩丝攒聚成花朵的结子,指绦带上的装饰花样。长穗宫绦,指系在腰间的绦带。长穗,是绦带端部下垂的穗子。
② 【石青起花八团倭缎排穗褂】团,圆形团花。倭缎,又称东洋缎。排穗,排缀在衣服下面的彩穗。
③ 【青缎粉底小朝靴】指黑色缎面、白色厚底、半高筒的靴子。青缎,黑色的缎子。朝靴,古代百官穿的"乌皮履"。
④ 【请了安】请安,即问安。清代的请安礼节是,男子打千,女子双手扶左膝,右膝微屈往下蹲身,口称"请某人安"。
⑤ 【坠角】用在朝珠、床帐等下端起下垂作用的小装饰品,这里指辫子梢部所坠的饰物。
⑥ 【寄名锁】旧时怕幼儿夭亡,给寺院或道观一定财物,让幼儿当"寄名"弟子,并在幼儿的项下系一小金锁,名"寄名锁"。这是迷信习俗。
⑦ 【护身符】是从道观领来的一种符箓,带在身上,避祸免灾。这是迷信习俗。
⑧ 【《西江月》二词】这两首词用似贬实褒、寓褒于贬的手法揭示了贾宝玉的性格。西江月,词牌名。
⑨ 【皮囊】一作"皮袋",指人的躯壳。佛教认为人的灵魂不死不灭,人的肉体只是为灵魂提供暂时住所,犹如皮口袋。

不通世务，愚顽怕读文章。行为偏僻①性乖张②，那管世人诽谤！

富贵不知乐业，贫穷难耐凄凉。可怜辜负好韶光③，于国于家无望。天下无能第一，古今不肖无双。寄言纨裤与膏粱：莫效此儿形状④！

贾母因笑道："外客未见，就脱了衣裳，还不去见你妹妹！"宝玉早已看见多了一个姊妹，便料定是林姑妈之女，忙来作揖。厮见毕归坐，细看形容，与众各别：两弯似蹙非蹙罥烟眉⑤，一双似喜非喜含情目。态生两靥之愁，娇袭一身之病⑥。泪光点点，娇喘微微。闲静时如姣花照水，行动处似弱柳扶风。心较比干多一窍，病如西子胜三分⑦。宝玉看罢，因笑道："这个妹妹我曾见过的。"贾母笑道："可又是胡说，你又何曾见过他？"宝玉笑道："虽然未曾见过他，然我看着面善，心里就算是旧相识，今日只作远别重逢，亦未为不可。"贾母笑道："更好，更好，若如此，更相和睦了。"宝玉便走近黛玉身边坐下，又细细打谅一番，因问："妹妹可曾读书？"黛玉道："不曾读，只上了一年学，些须⑧认得几个字。"宝玉又道："妹妹尊名是那两个字？"黛玉便说了名。宝玉又问表字。黛玉道："无字。"宝玉笑道："我送妹妹一妙字，莫若'颦颦'⑨二字极妙。"探春便问何出。宝玉道："《古

---

① 【偏僻】偏激、不端正。
② 【乖张】偏执、不驯顺，与众不同。
③ 【可怜辜负好韶光】可惜白浪费了大好时光。可怜，可惜。辜负，本意是对不起，这里有浪费的意思。
④ 【寄言纨裤与膏粱：莫效此儿形状】赠言公子哥儿一句话：可别学这孩子的坏样子。寄言，赠言。纨裤，绸绢做的裤子。膏粱，肥肉精米。这里纨裤与膏粱均借指富贵子弟。
⑤ 【罥(juàn)烟眉】形容眉毛像一抹轻烟。罥，缠绕。
⑥ 【态生两靥(yè)之愁，娇袭一身之病】妩媚的风韵生于含愁的面容，娇怯的情态出于孱弱的病体。态，情态、风韵。靥，面颊上的酒窝。袭，承继、由……而来。
⑦ 【心较比干多一窍，病如西子胜三分】林黛玉聪明颖悟胜过比干，病弱娇美胜过西施。比干，商(殷)朝纣王的叔父。《史记·殷本记》载：纣王淫乱，比干曰："为人臣者，不得不以死争。"乃强谏纣。纣怒曰："吾闻圣人心有七窍，剖比干，观其心。"古人认为心窍越多越有智慧。
⑧ 【些须】一点儿。
⑨ 【颦(pín)】皱眉头。

今人物通考》^①上说:'西方有石名黛,可代画眉之墨。'况这林妹妹眉尖若蹙,用取这两个字,岂不两妙!"探春笑道:"只恐又是你的杜撰。"宝玉笑道:"除《四书》外杜撰的太多,偏只我是杜撰不成?"又问黛玉:"可也有玉没有?"众人不解其语,黛玉便忖度着因他有玉,故问我有也无,因答道:"我没有那个。想来那玉是一件罕物,岂能人人有的。"宝玉听了,登时发作起痴狂病来,摘下那玉,就狠命摔去,骂道:"什么罕物,连人之高低不择,还说'通灵'不'通灵'呢!我也不要这劳什子了!"吓的众人一拥争去拾玉。贾母急的搂了宝玉道:"孽障!你生气,要打骂人容易,何苦摔那命根子!"宝玉满面泪痕泣道:"家里姐姐妹妹都没有,单我有,我说没趣;如今来了这们一个神仙似的妹妹也没有,可知这不是个好东西。"贾母忙哄他道:"你这妹妹原有这个来的,因你姑妈去世时,舍不得你妹妹,无法处,遂将他的玉带了去了:一则全殉葬之礼,尽你妹妹之孝心;二则你姑妈之灵,亦可权作见了女儿之意。因此他只说没有这个,不便自己夸张之意。你如今怎比得他?还不好生慎重带上,仔细你娘知道了。"说着,便向丫鬟手中接来,亲与他带上。宝玉听如此说,想一想大有情理,也就不生别论了。

当下奶娘来请问黛玉之房舍。贾母说:"今将宝玉挪出来,同我在套间^②暖阁儿^③里,把你林姑娘暂安置碧纱橱^④里。等过了残冬,春天再与他们收拾房屋另作一番安置罢。"宝玉道:"好祖宗,我就在碧纱橱外的床上很妥当,何必又出来闹的老祖宗不得安静。"贾母想了一想说:"也罢了。"每人一

---

① 【《古今人物通考》】从下文来看,可能是宝玉的杜撰。
② 【套间】与正房相连的两侧房间。
③ 【暖阁儿】是指套间内再隔断为小房间,内设炕褥,两边安有隔扇,上边有一横眉,形成床帐的样子。
④ 【碧纱橱】是清朝建筑内檐装修中隔断的一种,也称隔扇门、格门。《清朝作则例》中写作"隔扇碧纱橱"。用以隔断开间,中间两扇可以开关。格心多灯笼框式样,灯笼心上常糊以纸,纸上画花或题字;宫殿或富贵人家常在格心处安装玻璃或糊各色纱,所以叫"碧纱橱",俗称"格扇"。这里的"碧纱橱里"是指以碧纱橱隔开的里间。

个奶娘并一个丫头照管，余者在外间上夜听唤。一面早有熙凤命人送了一顶藕合色花帐，并几件锦被缎褥之类。

黛玉只带了两个人来：一个是自幼奶娘王嬷嬷，一个是十岁的小丫头，亦是自幼随身的，名唤作雪雁。贾母见雪雁甚小，一团孩气，王嬷嬷又极老，料黛玉皆不遂心省力的，便将自己身边的一个二等丫头，名唤鹦哥者与了黛玉。外亦如迎春等例，每人除自幼乳母外，另有四个教引嬷嬷①，除贴身掌管钗钏盥沐两个丫鬟外，另有五六个洒扫房屋来往使役的小丫鬟。当下，王嬷嬷与鹦哥陪侍黛玉在碧纱橱内。宝玉之乳母李嬷嬷，并大丫鬟名唤袭人者，陪侍在外面大床上。

练习与思考

一、给下列加点字注音

敕（　）赦（　）嬷（　）斠（　）呜咽（　）
绾（　）螭（　）裉（　）幄（　）璎珞（　）
庑（　）宸（　）雠（　）銮（　）黼黻（　）
莳（　）阋（　）箸（　）觚（　）咕唧（　）
姊（　）幺（　）靥（　）蹙（　）

---

① 【教引嬷嬷】清朝皇子一落生，就有保姆、乳母各八人；断乳后，增"谙达"（满语，伙伴、朋友的意思，这里指陪伴并负有教导责任的人），"凡饮食、言语、行步、礼节皆教之"。贵族家庭的"教引嬷嬷"，职务跟皇宫的"谙达"相似。

二、阅读课文，思考问题

　　1.作者是如何刻画林黛玉这个人物形象的？

　　2.同为小说的主要人物，王熙凤和贾宝玉的出场有什么不同？

　　3.以"话说贾宝玉"为题，谈谈你对这一人物形象的看法。

三、知识拓展

　　依据个人兴趣，课外选读《红楼梦》全书或部分章节，搜集《红楼梦》影视剧的主题曲和插曲进行欣赏，再归纳整理，做成一篇专题赏析。

四、读读记记

　　1.满纸荒唐言，一把辛酸泪。都云作者痴，谁解其中味。　　——《红楼梦》
　　2.假作真时真亦假，无为有处有还无。　　——《红楼梦》

20 少年中国说(节选)[1]

梁启超

• 课文导读 •

《少年中国说》是清朝末年梁启超所作的散文,写于戊戌变法失败后的1900年,文中极力歌颂少年的朝气蓬勃,指出封建统治下的中国是"老大帝国",热切希望出现"少年中国",振奋人民的精神。文章不拘格式,多用比喻,具有强烈的鼓励性及强烈的进取精神,寄托了作者对少年中国的热爱和期望。

本文把封建的古老中国和理想的少年中国作鲜明的对比,热情歌颂少年勇于改革的精神,批评消极保守思想,鼓励人们肩负责任,发奋图强。表现作者热切盼望祖国繁荣富强,并且对中国的未来满怀希望。

我们作为新时代的青少年,更应该努力学习,勇于作为,为将来建设祖国贡献自己的力量。

日本人之称我中国也,一则曰老大帝国,再则曰老大帝国。是语也,盖袭译欧西[2]人之言也。呜呼!我中国其果老大矣乎?梁启超曰:恶[3],是何言!是何言!吾心目中有一少年中国在。

欲言国之老少,请先言人之老少。老年人常思既往,少年人常思将来。

---

[1] 节选自《古文鉴赏辞典》(崇文书局2015年版,汤克勤主编)。梁启超(1873—1929),字卓如,号任公,又号饮冰室主人,广东新会人,近代中国启蒙思想家,资产阶级改良主义政治家、教育家,史学家和文学家,戊戌变法运动领袖之一。其著作合编为《饮冰室合集》。

[2] 【欧西】指欧美西方世界。

[3] 【恶(wū)】叹词,犹"唉",含有否定的意思。

惟思既往也，故生留恋心；惟思将来也，故生希望心。惟留恋也，故保守；惟希望也，故进取。惟保守也，故永旧；惟进取也，故日新。惟思既往也，事事皆其所已经者，故惟知照例；惟思将来也，事事皆其所未经者，故常敢破格。老年人常多忧虑，少年人常好行乐。惟多忧也，故灰心；惟行乐也，故盛气。惟灰心也，故怯懦；惟盛气也，故豪壮。惟怯懦也，故苟且；惟豪壮也，故冒险。惟苟且也，故能灭世界；惟冒险也，故能造世界。老年人常厌事，少年人常喜事。

惟厌事也，故常觉一切事无可为者；惟好事也，故常觉一切事无不可为者。老年人如夕照，少年人如朝阳。老年人如瘠牛，少年人如乳虎。

造成今日之老大中国者，则中国老朽之冤业也；制出将来之少年中国者，则中国少年之责任也。

故今日之责任，不在他人，而全在我少年。少年智则国智，少年富则国富，少年强则国强，少年独立则国独立，少年自由则国自由，少年进步则国进步，少年胜于欧洲则国胜于欧洲，少年雄于地球则国雄于地球。红日初升，其道大光①；河出伏流②，一泻汪洋；潜龙腾渊，鳞爪飞扬；乳虎啸谷，百兽震惶；鹰隼③试翼，风尘吸张；奇花初胎，矞矞

梁启超雕塑

---

① 【其道大光】语出《周易·益》："自上下下，其道大光。"光，广大，发扬。
② 【伏流】水流地下。《水经注·河水》："河出昆仑，伏流地中万三千里。"
③ 【鹰隼（sǔn）】指鹰类猛禽。

皇皇①；干将发硎②，有作其芒③；天戴其苍，地履其黄④；纵有千古，横有八荒⑤；前途似海，来日方长。美哉我少年中国，与天不老！壮哉我中国少年，与国无疆！

练习与思考

一、给下列加点字注音

震惶（　　）　矞矞（　　）　哉（　　）

发硎（　　）　怯懦（　　）

二、阅读课文，思考问题

1. 根据课文内容填空。

(1)《少年中国说》的中心论点是＿＿＿＿＿＿＿＿＿＿＿＿＿＿＿＿

(2) 文中以龙喻少年中国的句子是＿＿＿＿＿＿＿＿＿＿＿＿＿＿＿＿

(3) 文中有关"干将莫邪"典故的文字是＿＿＿＿＿＿＿＿＿＿＿＿＿＿

2. 想一想，本文赞颂了什么？要表达作者怎样的思想？

---

① 【矞（yù）矞皇皇】形容艳丽。《太玄经·交》："物登明堂，矞矞皇皇。"司马光集注引陆绩曰："矞皇，休美貌。"
② 【干将发硎（xíng）】干将，古剑名，后泛指宝剑。发硎，刀刃新磨。硎，磨刀石。
③ 【有作其芒】发出光芒。
④ 【天戴其苍，地履其黄】是说少年中国如苍天之大，如地之广阔。
⑤ 【八荒】八方荒远之地。《说苑辨物》："八荒之内有四海，四海之内有九州。"

三、知识拓展

学完本课之后，课余时间收集和欣赏与《少年中国说》有关的歌舞、朗诵等视频资料，适时在班级举行一次以"我的梦 中国梦"为主题的班会。

四、读读记记

1. 人生的努力，总向光明的方面走，这是人类向上的自然动机。

——【中国】李大钊

2. 朝着一定目标走去是"志"，一鼓作气中途绝不停止是"气"，两者合起来就是"志气"。一切事业的成败都取决于此。 ——【美国】戴尔·卡耐基

基础写作：记叙文（写人）

记叙文是以叙述为主要表达方式，以写人物的经历和事物发展变化过程为主要内容的一种文体形式。从写作内容与方式看，记叙文可分为简单的记叙文和复杂的记叙文两大类。从写作对象的不同，记叙文又可分为写人记叙文、叙事记叙文、写景记叙文、状物记叙文四大类。

通常情况下，记叙文采用的表达方式主要有五种：①叙述：是记叙文最基本、最常见也是最主要的表达方式，重在表述人物的经历和事物的发展变化过程。②描写：是对人物的外貌、动作，事物的性质、形态和景物的状貌、变化等进行具体刻画与生动描摹。③说明：是用简明的语言客观而准确地解说事物或述说事理。④抒情：是作者借助文章的中心人物表达主观感受，倾吐心中情感的文字表露，往往可以采用直接抒情、间接抒情两种表达方式。⑤议论：是作者在文章中表达出自己的独到见解或道理，往往起画龙点睛、深化中心、揭示主题的作用。

一篇好的记叙文必须做到：紧扣题眼、注重选材、突出中心、完整叙事、环境渲染、生动描写、详略得当。需要采用"记叙＋描写""记叙＋抒情""记叙＋议论""记叙＋说明"或综合多种表达方式灵活运用，才能使文章变得更有表现力，更具感染力。

【写作指导】

顾名思义，以写人为主的记叙文主要指通过一件事表现一个人，或者通过几件事表现一个人，可以采用叙述（顺叙、倒叙、插叙、补叙、分叙）和人物描写（肖像描写、语言描写、行动描写、心理描写）两种主要表达方式。

下面介绍四种常用技法：

1. 精选典型的人和事。"一滴水可以折射出太阳的光辉。"写人记叙文中人物的思想品质和性格特征主要是通过一件件具体的事例反映出来的。写作之前，要认真选好自己既熟悉又印象深刻的人物来写，通过典型事例的几个特写镜头来表现人物鲜明的个性特征。写作时，切忌面面俱到，不分主次。一定要精选最能表现人物品质的典型事例，围绕人物鲜明的个性特点来写，才能使人物活灵活现。没有典型，文章就显得平淡无奇。生活中典型事例的范畴非常广泛，"惊天地，泣鬼神"的大事是典型，平凡的小事中孕育着人物不平常品质同样也是典型。所以说，在塑造典型时一定要结合生活实际，精挑细选，切中要领，不能无中生有，捕风捉影，跟着感觉走。

2. 抓住肖像的同与异。写人，常常先描写他的外貌。只有写好外貌，才能抓住人物特点，才能把人物栩栩如生地展现在读者面前。描写人物的外貌，要遵循一定的规律，先整体观察人物的体态、容貌、衣着、神情等，再重点观察人物最突出、给人印象最深刻的外貌特征，达到为突出人物的性格和传达人物的情感服务目标。描写人的外貌时，切忌千人一面，老少皆宜，统一模板，更不能用别人写过的东西。俄国著名作家果戈理说过，外形是理解人物的钥匙。没有个性特点的公式化、概念化的肖像描写起不到钥匙的作用。写人物肖像时，一定要围绕文章主题的需要，抓住特征，善于取舍，因人而异。写作时，对于最富有特征、最能表现精神面貌的外貌部分，对于人物与众不同之处要结合其独有的性格详细刻画，这样才能使"人物的外表要处，足以烘托出一个单独的人格"。

3. 彰显个性的言与行。人是会说话的。写人的文章大多数离不开语言的描写，但是描写人物的语言不等于录音。"言为心声"，文章中主要人物的语言是展示其性格特征的一面镜子。正如鲁迅先生指出的："人物语言的描写，能使读者由说话看出人来。"写人时，一定要选择最有代表性的语句，来刻画人物的内心世界，表现人物的个性和思想。注意人物的语言要符合人物的年龄、身份、阅历、文化教养等。同时，人的行为也受人的思想感情支配，语言描写过程中可适当插入人物的神态描写和动作描写，这样才能使人物语言显得生动形象，真实感人。除语言描写外，动作描写也同样可以揭示人物丰富的内心世界。首先，必须细心观察人物的动作，写好人物的连续动作。其次要精心选择最准确、最恰当的词组。既要写出人物"做什么"，又要突出人物是"怎么做"的。最后，要选取一些最能反映人物内心世界的关键动作和特色镜头进行细致描写，切忌连环画式的机械运动。

  4.深挖内心的真与情。用真情真言写人，首要的就是"真"。要把人写真，还要对所写的人物有"情"。要刻画人物表里如一的品格，不但要仔细观察分析人物的外在特征，还要对人物的内心活动进行一番推敲，达到情感融通。既要写清楚人物在"想什么"，又要写明人物是"如何想"的，更要千方百计把人物心理活动的起因淋漓尽致地表达完整。一般情况下，对人物心理描写多采用如下三种方法：一是内心独白法。直接写出文中人物的想法、打算、感受等，好像人物在"自言自语"。二是梦幻再现法。开头用一些"仿佛听到""似乎看见"之类的提示性语言，将人物内心虚幻出来画面或者声音描绘出来，同样能反映人物内心的真实写照。三是环境衬托法。不同的心情看相同的景物会产生不同的感受，这些带有人物特定感受的景物，往往正是人物内心世界的真实异化反映。

【例文】

老王[①]

杨绛

我常坐老王的三轮。他蹬,我坐,一路上我们说着闲话。

据老王自己讲:北京解放后,蹬三轮的都组织起来,那时候他"脑袋慢""没绕过来""晚了一步",就"进不去了",他感叹自己"人老了,没用了"。老王常有失群落伍的惶恐,因为他是单干户。他靠着活命的只是一辆破旧的三轮车。有个哥哥,死了,有两个侄儿,"没出息",此外就没什么亲人。

老王只有一只眼,另一只是"田螺眼",瞎的。乘客不愿坐他的车,怕他看不清,撞了什么。有人说,这老光棍大约年轻时不老实,害了什么恶病,瞎掉了一只眼。他那只好眼也有病,天黑了就看不见。有一次,他撞在电杆上,撞得半面肿胀,又青又紫。那时候我们在干校,我女儿说他是夜盲症,给他吃了大瓶的鱼肝油,晚上就看得见了。他也许是从小营养不良而瞎了一眼,也许是得了恶病,反正同是不幸,而后者该是更深的不幸。

有一天傍晚,我们夫妇散步,经过一个荒僻的小胡同,看见一个破破落落的大院,里面有几间塌败的小屋;老王正蹬着他那辆三轮进大院去。后来我在坐着老王的车和他闲聊的时候,问起那里是不是他的家。他说,住那儿多年了。有一年夏天,老王给我们楼下人家送冰,愿意给我们家带送,车费减半。我们当然不要他减半收费。每天清晨,老王抱着冰上三楼,代我们放入冰箱。他送的冰比他前任送的大一倍,冰价相等。胡同口蹬三轮的我们大多熟识,老王是其中最老实的。他从没看透我们是好欺负的主顾,他大概压根儿没想到这点。

"文化大革命"开始,默存不知怎么的一条腿走不得路了。我代他请了假,

[①] 选自《杨绛散文》(浙江文艺出版社1994年版)。

烦老王送他上医院。我自己不敢乘三轮，挤公共汽车到医院门口等待。老王帮我把默存扶下车，却坚决不肯拿钱。他说："我送钱先生看病，不要钱。"我一定要给他钱，他哑着嗓子悄悄问我："你还有钱吗？"我笑着说有钱，他拿了钱却还不大放心。

我们从干校回来，载客三轮都取缔了。老王只好把他那辆三轮改成运货的平板三轮。他并没有力气运送什么货物。幸亏有一位老先生愿把自己降格为"货"，让老王运送。老王欣然在三轮平板的周围装上半寸高的边缘，好像有了这半寸边缘，乘客就围住了不会掉落。我问老王凭这位主顾，是否能维持生活，他说可以凑合。可是过些时老王病了，不知什么病，花钱吃了不知什么药，总不见好。开始几个月他还能扶病到我家来，以后只好托他同院的老李来代他传话了。

有一天，我在家听到打门，开门看见老王直僵僵地镶嵌在门框里。往常他坐在蹬三轮的座上，或抱着冰伛着身子进我家来，不显得那么高。也许他平时不那么瘦，也不那么直僵僵的。他面如死灰，两只眼上都结着一层翳，分不清哪一只瞎，哪一只不瞎。说得可笑些，他简直像棺材里倒出来的，就像我想象里的僵尸，骷髅上绷着一层枯黄的干皮，打上一棍就会散成一堆白骨。我吃惊地说："啊呀，老王，你好些了吗？"

他"嗯"了一声，直着脚往里走，对我伸出两手。他一手提着个瓶子，一手提着一包东西。

我忙去接。瓶子里是香油，包裹里是鸡蛋。我记不清是十个还是二十个，因为在我记忆里多得数不完。我也记不起他是怎么说的，反正意思很明白，那是他送我们的。

我强笑说："老王，这么新鲜的大鸡蛋，都给我们吃？"

他只说："我不吃。"

我谢了他的好香油，谢了他的大鸡蛋，然后转身进屋去。他赶忙止住我说：

"我不是要钱。"

我也赶忙解释:"我知道,我知道——不过你既然来了,就免得托人捎了。"他也许觉得我这话有理,站着等我。

我把他包鸡蛋的一方灰不灰、蓝不蓝的方格子破布叠好还他。他一手拿着布,一手攥着钱,滞笨地转过身子。我忙去给他开了门,站在楼梯口,看他直着脚一级一级下楼去,直担心他半楼梯摔倒。等到听不见脚步声,我回屋才感到抱歉,没请他坐坐喝口茶水。可是我害怕得糊涂了。那直僵僵的身体好像不能坐,稍一弯曲就会散成一堆骨头。我不能想象他是怎么回家的。

过了十多天,我碰见老王同院的老李。我问:"老王怎么了?好些没有?""早埋了。"

"呀,他什么时候……"

"什么时候死的?就是到您那儿的第二天。"

他还讲老王身上缠了多少尺全新的白布——因为老王是回民,埋在什么沟里。我也不懂,没多问。

我回家看着还没动用的那瓶香油和没吃完的鸡蛋,一再追忆老王和我对答的话,捉摸他是否知道我领受他的谢意。我想他是知道的。但不知为什么,每想起老王,总觉得心上不安。因为吃了他的香油和鸡蛋?因为他来表示感谢,我却拿钱去侮辱他?都不是。几年过去了,我渐渐明白:那是一个幸运的人对一个不幸者的愧怍。

【点评】文章以"我"与老王的交往为线索,回忆了老王的几个生活片段,刻画了一个穷苦卑微但心地善良、老实厚道的"老王"形象,表达了作者一家对老王那样不幸者的关心、同情和尊重。作者也提出了一个引人深思的问题:社会应不应该以人道主义精神来关心不幸者。

训练设计

请以"我的（老师、同桌……）"为题，用肖像、语言和行动描写的方法，对所写人物进行细节刻画，写一篇记人叙事的文章。

要求：1.题目自拟，题材自采，主题自立。2.肖像描写要暗示人物内心世界，语言描写要有个性，行动描写要表现人物性格。3.将记叙、描写和抒情结合起来，深化记叙，突出主题。4.不少于800字。

第五单元

志存高远

单元导语

　　自信人生二百年，会当水击三千里。青春，是人生最美丽的季节。有信念、有梦想、有奋斗、有奉献的人生，才是有意义的人生。作为新时代的青年学生，只有志存高远，敢为人先，扣好人生的第一粒扣子，认准前进的方向，奋力追寻，才能不负青春，拥有无悔人生。

　　本单元围绕"志存高远"这一主题选取了5篇文章，或表现青年毛泽东敢教日月换新天，誓志改造旧中国的豪情壮志，或表现马丁·路德·金争取种族平等、人人共享平等权利的光荣梦想，或表现白岩松对"我的故事以及背后的中国梦"的人生历程解读……这些篇目从各自的角度出发，诠释了"青年一代有理想、有担当，国家就有前途，民族就有希望"的智慧内涵。《毛泽东词二首》让我们追寻伟人的足迹，感受伟人的大情怀，体悟伟人对未来的展望与憧憬。《我有一个梦想》从黑人民族平等的角度入题，展现了美国社会种族歧视下的人民如何争取属于自己的梦想。《北大是我美丽羞涩的梦》是一篇反思自我、正确认识自我的内心自白书，表达了一代青年学子成长过程中的苦与乐。《我的故事以及背后的中国梦》作者以自己的成长历程，折射出中美关系的不断变化，展现了美国人所见的不一样的中国人。《相信未来》是将希望与绝望的剧烈冲突巧妙融合，给予年轻一代以鼓励与力量，鞭策青年人追逐梦想。

　　本单元的综合实践活动为话剧，通过介绍话剧的概念、表演话剧的注意事项等，使学生了解话剧，激发他们对话剧的兴趣。

21 毛泽东词二首[①]

·课文导读·

《沁园春·长沙》是毛泽东于1925年晚秋，离开故乡韶山，去广州主持农民运动讲习所，途经长沙，重游橘子洲，感慨万千所作的词。通过对长沙秋景的描绘和对青年时代革命斗争生活的回忆，抒写出革命青年对国家命运的感慨和以天下为己任，蔑视反动统治者，改造旧中国的豪情壮志。

1956年，中国农业、手工业、资本主义工商业的社会主义改造基本完成，社会主义建设出现了突飞猛进的新局面。1954年中央人民政府决定修建武汉长江大桥。1955年毛泽东视察了全部工程。1956年毛泽东巡视南方，又视察了大桥的施工。6月1日、3日、4日毛泽东三次畅游长江，写下了《水调歌头·游泳》。该词描绘了祖国江山雄伟瑰丽的图景，抒发了伟人畅游长江的豪情逸兴，以及中国人民建设祖国和改变山河的豪迈气概，体现了伟人对未来景象的展望，也表达出了一桥贯通大江南北的历史意义。

著名诗人臧克家曾说过："毛泽东是一位伟大的诗人。"今天，就让我们追寻伟人的足迹，感受伟人的宽阔胸怀，体悟伟人的崇高心灵。

[①] 选自《毛泽东诗词全集》（东方出版社2016年版，徐四海编著）。毛泽东（1893—1976），字润之，笔名子任。伟大的无产阶级革命家、战略家和理论家，中华人民共和国的主要缔造者和领导人。主要著作有《毛泽东选集》（四卷）、《毛泽东文集》（八卷）、《毛泽东诗词》（共43首）等。

沁园春·长沙①

独立寒秋,湘江②北去,橘子洲③头。

看万山红遍,层林尽染;

漫江碧透,百舸④争流。

鹰击长空,鱼翔浅底,万类霜天竞自由。

怅寥廓⑤,问苍茫大地,谁主沉浮?

携来百侣曾游。忆往昔峥嵘岁月稠。

恰同学少年,风华正茂;

书生意气,挥斥方遒⑥。

指点江山,激扬文字,

粪土当年万户侯⑦。

曾记否,到中流击水⑧,

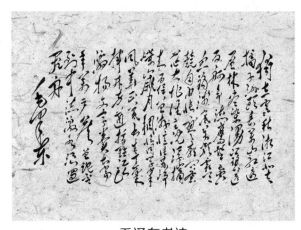

毛泽东书法

---

① 【沁园春】词牌名。

② 【湘江】一名湘水,湖南省最大的河流,源出广西壮族自治区陵川县南的海洋山,长1752里,向东北流贯湖南省东部,经过长沙,北入洞庭湖。所以说是湘江北去。

③ 【橘子洲】地名,又名水陆洲,是长沙城西湘江中一个狭长小岛,西面靠近岳麓山。南北长约11里,东西最宽处约1里。毛泽东七律《答友人》中所谓长岛就是指此。自唐代以来,这里就是游览胜地。

④ 【舸(gě)】大船。这里泛指船只。

⑤ 【怅寥廓(chàng liáo kuò)】面对广阔的宇宙惆怅感慨。怅,原意是失意,这里用来表达由深思而引发激昂慷慨的心绪。寥廓,广远空阔,这里用来描写宇宙之大。

⑥ 【挥斥方遒(qiú)】热情奔放,劲头正足。挥斥,奔放。遒,强劲有力。方,正。

⑦ 【粪土当年万户侯】把当时的军阀官僚看得同粪土一样。粪土,作动词用,视……如粪土。万户侯,汉代设置的最高一级侯爵,享有万户农民的赋税。此处借指大军阀、大官僚。万户,指侯爵封地内的户口,要向受封者缴纳租税,服劳役。

⑧ 【击水】作者自注:"击水:游泳。那时初学,盛夏水涨,几死者数,一群人终于坚持,直到隆冬,犹在江中。当时有一篇诗,都忘记了,只记得两句:自信人生二百年,会当水击三千里。"这里引用祖逖(tì)的"中流击楫"典故。

浪遏①飞舟?

水调歌头·游泳②

才饮长沙水③，又食武昌鱼④。

万里长江横渡，极目楚天舒⑤。

不管风吹浪打，胜似闲庭信步，今日得宽余。

子在川上曰：逝者如斯夫⑥！

风樯⑦动，龟蛇⑧静，起宏图。

一桥飞架南北⑨，天堑⑩变通途。

---

① 遏（è）：阻止。

② 【游泳】1956年6月，作者曾由武昌游泳横渡长江，到达汉口。

③ 【长沙水】1958年12月21日作者自注："民谣：常德德山山有德，长沙沙水水无沙。所谓无沙水，地在长沙城东，有一个有名的'白沙井'。"

④ 【武昌鱼】据《三国志·吴书·陆凯传》记载，吴主孙皓要把都城从建业（故城在今南京市南）迁到武昌，老百姓不愿意，有童谣说："宁饮建业水，不食武昌鱼。"这里化用。武昌鱼，指古武昌（今鄂城）樊口的鳊鱼，称团头鳊或团头鲂。

⑤ 【极目楚天舒】极目，放眼远望。武昌一带在春秋战国时属于楚国的范围，所以作者把这一带的天空叫"楚天"。舒，舒展，开阔。柳永词《雨霖铃》："暮霭沉沉楚天阔。"作者在1957年2月11日给黄炎培的信中说："游长江二小时飘三十多里才达彼岸，可见水流之急。都是仰游侧游，故用'极目楚天舒'为宜。"

⑥ 【子在川上曰：逝者如斯夫】《论语·子罕》："子在川上，曰：'逝者如斯夫！不舍昼夜。'"意思是孔子在河边感叹道："时光像流水一样消逝，日夜不停。"时光如流水，一去不复返；往者不可追，来者犹可惜。

⑦ 【风樯（qiáng）】指帆船。樯，桅杆。

⑧ 【龟蛇】在词中实指龟山、蛇山。

⑨ 【一桥飞架南北】指当时正在修建的武汉长江大桥。1958年版《毛主席诗词十九首》和1963年版《毛主席诗词》，作者曾将此句改为"一桥飞架，南北天堑变通途"，后经作者同意恢复原句。

⑩ 【天堑（qiàn）】堑，沟壕。古人把长江视为"天堑"。据《南史·孔范传》记载，隋伐陈，孔范向陈后主说："长江天堑，古来限隔，虏军岂能飞渡？"

更立西江石壁，截断巫山云雨①，高峡出平湖。

神女应无恙，当惊世界殊。

练习与思考

一、解释下列字词

  （1）舸：

  （2）遏：

  （3）漫江：

  （4）寥廓：

  （5）苍茫：

  （6）沉浮：

  （7）指点：

  （8）挥斥：

  （9）激扬：

  （10）峥嵘：

  （11）中流：

二、阅读课文，回答下列问题

  1.《沁园春·长沙》这首词塑造了一个怎样的革命者形象？

---

① 【巫山云雨】在四川省巫山县东南。"巫山云雨"，见于楚·宋玉《高唐赋·序》中"旦为朝云，暮为行雨"，这里只是借用这个故事中的字面和人物。

2.在《沁园春·长沙》这首写秋景的词中,诗人表达了怎样的思乡情怀?

3.《沁园春·长沙》这首词的融情入景、情景交融的特点是怎样体现出来的?

4.《水调歌头·游泳》中诗人写"神女"之"惊",对赞颂"宏图"有什么作用?不写"长江流水",而写"巫山云雨",用意何在?

三、知识拓展

假如班里要组织一次毛泽东诗词朗诵会,你作为朗诵会的主持人,要说一段串词,介绍本课所学的两首词,你将怎样说?请写出来,在班级进行交流,并评选出优秀作品。

四、读读记记

1.坚其志,苦其心,勤其力,事无大小,必有所成。

——【中国】清·曾国藩

2.我没有别的东西奉献,唯有辛劳泪水和血汗。

——【英国】丘吉尔

22 我有一个梦想

【美国】马丁·路德·金①

·课文导读·

1963年8月28日,华盛顿特区组织了一次25万人的集会,马丁·路德·金在华盛顿林肯纪念堂向这次集会上成千上万的黑人发表了一篇著名的演说,要求种族平等,内容主要关于黑人民族平等,对美国甚至世界影响很大。他讲话没有讲话稿,他把自己对前途的看法用充满激情的语言告诉了云集的听众,这就是《我有一个梦想》。

学完本文之后,我们要思考马丁·路德·金的梦想究竟是什么,为什么要实现梦想呢,怎样实现梦想。

今天,我高兴地同大家一起,参加这次将成为我国历史上为了争取自由而举行的最伟大的示威集会。

100年前,一位伟大的美国人——今天我们就站在他象征性的身影下——签署了《解放宣言》。这项重要法令的颁布,对于千百万灼烤于非正义残焰中的黑奴,犹如带来希望之光的硕大灯塔,恰似结束漫漫长夜禁锢的欢畅黎明。

然而,100年后,黑人依然没有获得自由。100年后,黑人依然悲惨地

---

① 马丁·路德·金(1929—1968),美国著名的民权运动领袖,1964年度诺贝尔和平奖获得者,通称金牧师。1968年4月4日被种族分子枪杀,年仅39岁,然而他的遇刺激起全美100多座城市暴乱,其中也有无数名白人。从1968年起,美国政府将每年1月的第三个星期一定为马丁·路德·金全国纪念日。从1987年起马丁·路德·金的诞辰亦为联合国的纪念日之一。

蹒跚于种族隔离和种族歧视的枷锁之下。100年后,黑人依然生活在物质繁荣瀚海的贫困孤岛上。100年后,黑人依然在美国社会中间向隅而泣,依然感到自己在国土家园中流离漂泊。所以,我们今天来到这里,要把这骇人听闻的情况公之于众。

从某种意义上说,我们来到国家的首都是为了兑现一张支票。我们共和国的缔造者在拟写宪法和《独立宣言》的辉煌篇章时,就签署了一张每一个美国人都能继承的期票。这张期票向所有人承诺——不论白人还是黑人——都享有不可让渡的生存权、自由权和追求幸福权。

马丁·路德·金雕像

然而,今天美国显然对她的有色公民拖欠着这张期票。美国没有承兑这笔神圣的债务,而是开始给黑人一张空头支票——一张盖着"资金不足"的印戳被退回的支票。但是,我们绝不相信正义的银行会破产。我们绝不相信这个国家巨大的机会宝库会资金不足。

因此,我们来兑现这张支票。这张支票将给我们以宝贵的自由和正义的保障。

我们来到这块圣地还为了提醒美国:现在正是万分紧急的时刻。现在不是从容不迫悠然行事或服用渐进主义镇静剂的时候。现在是实现民主诺言的时候。现在是走出幽暗荒凉的种族隔离深谷,踏上种族平等的阳关大道的时候。现在是使我们国家走出种族不平等的流沙,踏上充满手足之情的磐石的时候。现在是使上帝所有孩子真正享有公正的时候。

忽视这一时刻的紧迫性,对于国家将会是致命的。自由平等的朗朗秋日不到来,黑人义愤填膺的酷暑就不会过去。1963年不是一个结束,而是一个开端。

如果国家依然我行我素,那些希望黑人只需出出气就会心满意足的人将大失所望。在黑人得到公民权之前,美国既不会安宁,也不会平静。反抗的旋风将继续震撼我们国家的基石,直至光辉灿烂的正义之日来临。

但是,对于站在通向正义之宫艰险门槛上的人们,有一些话我必须要说。在我们争取合法地位的过程中,切不要错误行事导致犯罪。我们切不要吞饮仇恨辛酸的苦酒,来解除对于自由的渴望。

我们应该永远得体地、纪律严明地进行斗争。我们不能容许我们富有创造性的抗议沦为暴力行动。我们应该不断升华到用灵魂力量对付肉体力量的崇高境界。

席卷黑人社会的新的奇迹般的战斗精神,不应导致我们对所有白人的不信任——因为许多白人兄弟已经认识到:他们的命运同我们的命运紧密相连,他们的自由同我们的自由休戚相关。他们今天来到这里参加集会就是明证。

我们不能单独行动。当我们行动时,我们必须保证勇往直前。我们不能后退。有人问热心民权运动的人:"你们什么时候会感到满意?"只要黑人依然是不堪形容的警察暴行恐怖的牺牲品,我们就绝不会满意。只要我们在旅途劳顿后,却被公路旁汽车游客旅社和城市旅馆拒之门外,我们就绝不会满意。只要黑人的基本活动范围只限于从狭小的黑人居住区到较大的黑人居住区,我们就绝不会满意。只要我们的孩子被"仅供白人"的牌子剥夺个性,损毁尊严,我们就绝不会满意。只要密西西比州的黑人不能参加选举,纽约州的黑人认为他们与选举毫不相干,我们就绝不会满意。不,不,我们不会满意,直至公正似水奔流,正义如泉喷涌。

我并非没有注意到你们有些人历尽艰难困苦来到这里。你们有些人刚刚走出狭小的牢房。有些人来自因追求自由而遭受迫害风暴袭击和警察暴虐狂飙摧残的地区。你们饱经风霜,历尽苦难。继续努力吧,要相信:无辜受苦终得拯救。

回到密西西比去吧；回到亚拉巴马去吧；回到南卡罗来纳去吧；回到佐治亚去吧；回到路易斯安那去吧；回到我们北方城市中的贫民窟和黑人居住区去吧。要知道，这种情况能够而且将会改变。我们切不要在绝望的深渊里沉沦。

朋友们，今天我要对你们说，尽管眼下困难重重，但我依然怀有一个梦。这个梦深深植根于美国梦之中。

我梦想有一天，这个国家将会奋起，实现其立国信条的真谛："我们认为这些真理不言而喻：人人生而平等。"

我梦想有一天，在佐治亚州的红色山冈上，昔日奴隶的儿子能够同昔日奴隶主的儿子同席而坐，亲如手足。

我梦想有一天，甚至连密西西比州——一个非正义和压迫的热浪逼人的荒漠之州，也会改造成为自由和公正的青青绿洲。

我梦想有一天，我的四个小女儿将生活在一个不是以皮肤的颜色，而是以品格的优劣作为评判标准的国家里。

我今天怀有一个梦。

我梦想有一天，亚拉巴马州会有所改变——尽管该州州长现在仍滔滔不绝地说什么要对联邦法令提出异议和拒绝执行——在那里，黑人儿童能够和白人儿童兄弟姐妹般的携手并行。

我今天怀有一个梦。

我梦想有一天，深谷弥合，高山夷平，歧路化坦途，曲径成通衢，上帝的光华再现，普天下生灵共谒。

这是我们的希望。这是我将带回南方去的信念。有了这个信念，我们就能从绝望之山开采出希望之石。有了这个信念，我们就能把这个国家的嘈杂刺耳的争吵声，变为充满手足之情的悦耳交响曲。

有了这个信念，我们就能一同工作，一同祈祷，一同斗争，一同入狱，一同维护自由，因为我们知道，我们终有一天会获得自由。

到了这一天，上帝的所有孩子都能以新的含义高唱这首歌：

我的祖国，可爱的自由之邦，我为您歌唱。这是我祖先终老的地方，这是早期移民自豪的地方，让自由之声，响彻每一座山冈。

如果美国要成为伟大的国家，这一点必须实现。因此，让自由之声响彻新罕布什尔州的巍峨高峰！

让自由之声响彻纽约州的崇山峻岭！

让自由之声响彻宾夕法尼亚州的阿勒格尼高峰！

让自由之声响彻科罗拉多州冰雪皑皑的洛基山！

让自由之声响彻加利福尼亚州的婀娜群峰！

不，不仅如此；让自由之声响彻佐治亚州的石山！

让自由之声响彻田纳西州的望山！

让自由之声响彻密西西比州的一座座山峰，一个个土丘！

让自由之声响彻每一个山冈！

当我们让自由之声轰响，当我们让自由之声响彻每一个大村小庄，每一个州府城镇，我们就能加速这一天的到来。那时，上帝的所有孩子，黑人和白人，犹太教徒和非犹太教徒，耶稣教徒和天主教徒，将能携手同唱那首古老的黑人灵歌："终于自由了！终于自由了！感谢全能的上帝，我们终于自由了！"

练习与思考

一、为下面加点字注音

骇人听闻（　　）　兑现（　　）　禁锢（　　）　通衢（　　）　隅（　　）

义愤填膺（　　）　磐石（　　）　狂飙（　　）　嘈杂（　　）

二、阅读课文，思考问题

1."自由平等的朗朗秋日不到来，黑人义愤填膺的酷暑就不会过去。"这里的"秋日"与"酷暑"分别指什么？

2.马丁·路德·金当时向所有的黑人喊出了"要求自由、平等、友爱"的梦想，是因为当时黑人享受这些权利吗？黑人的遭遇如何？请说说你的理由。

3.南北战争后，林肯颁布《解放宣言》，让黑人在法律上获得了自由。但实际上黑人仍然受不到公平待遇，为此，作者有什么梦想，他打算怎么样去实现它？

4.作者为什么把"梦想是什么"放到最后？

三、知识拓展

现在，民主、平等、自由已不仅是马丁·路德·金一个人的梦想，它已成为全人类共同追求的一个永恒主题。人类从婴儿时期成长到现在，有过无穷无尽的梦想，有的已美梦成真，有的正在努力实现，有的似乎还很遥远，但梦想的美好让我们执著追求。以"我有一个梦想"或"我梦想有一天"开头，结合本文演讲辞的特点（如排比、比喻等修辞的运用）组织一次班级梦想展示会，与同学分享自己的梦想。

四、读读记记

1. 一个人有了远大的理想，就是在最艰苦的时候，也会感到幸福。

——【中国】徐特立

2. 对真理的追求比对真理的占有更为可贵。——【德国】莱辛

23 北大是我美丽羞涩的梦[①]

王海桐

• 课文导读 •

本文是作者回忆自己高中及以前生活中对自己产生重大影响的人、事和自己的一些感悟,展示了作者不是一个挣分的机器,而是一个立体的、有血有肉的生命,表现了作者能反思自我、正确认识自我的精神。

现在,让我们一起欣赏《北大是我美丽羞涩的梦》,去追寻作者的生命足迹,细细体会她那快乐而又敏感的内心世界,了解她成长过程中的苦与乐。

你有没有过这种经历——在你饥饿难耐只渴求一片面包的时候,有人笑吟吟地给你端来一盘龙虾?我有过。在我寝食难安只渴求一张北大金融系录取通知书的时候,有记者打电话告诉我:"你是四川省今年的省理科状元。"

不敢相信的木然[②],难以相信的狂喜——我像一只挥舞着双钳的螃蟹在房间里横行(当然,我想这是人的正常反应)。然后是记者,然后是采访、照相,然后是做节目——然后——我非常冷静,我感到不舒服。"我是什么?"这是我面对镜头时,最想问的一个问题。"我是什么?"——一个"状元"?——状元是什么?——"考试考得很好的人。"是的,在无数人眼里,我是一个

[①] 选自《新语文教学引导·名著导读》(黑龙江教育出版社2012年版,桑秋凤编著)。王海桐,1995到2001年就读于成都石室中学,以713分(原始分,五科卷面总分750分)夺取四川省理科状元,后就读于北京大学,2005年放弃北大保研加盟一间国际知名投资银行。

[②] 【木然】一时痴呆、不知所措的样子。

很会考试的人，考得很棒的人。这让我不舒服。一个声音在固执地呜咽："如果我引人注目，那个713分绝不会是唯一的理由。""我不允许任何将我十几年的经历用浑浑噩噩①的三天概括。""我不是一张平铺的考卷，我是立体的，有血有肉的。"……于是，这心中一缕一缕积累的思绪，这灵魂里一点一点不安的因子让我在面对它的时候有时像快乐的喷泉，有时像被动的牙膏。我对自己说："不要得意忘形"，所有的报纸都只在"今天"有用。可我不是很傻吗？在我18年的经历里除了那个713分还有什么轰轰烈烈的事迹呢？难道不是那个713分给了我今天坐在这里书写心情的凭依吗？我在记忆的浅海里逡巡②，想找出一些闪亮的贝壳让"高中生以及家长能从中得到什么更有价值的东西"，却带回满身的沙砾。在深夜审视的镜前，我一点也不觉得镜里的是一个怎么成功的家伙，但也绝不是一个考试的机器，我是一个有故事的人。我愿意写我的困惑与思考，而不仅仅是"状元成长录"。请原谅一个任性的家伙的骄傲吧。

写我，我愿意从最初的写起。

奶奶拂袖而去

曾有人劝我把名字中的"桐"改成"同"，他说我的名字犯"凶"。我却执意不肯，因为这个"桐"字对我有特别意义。

这个名字是奶奶起的，那时候，我还在母亲肚子里，奶奶说，不管是男是女，都用这个名字。可是谁都知道，她想要个男孩，因为父亲是她唯一的儿子。

很可惜，在这场赌注里，她注定要输得一塌糊涂。因为这世上，没有什么事情可以计划的，即使她那么渴望一棵"海边的梧桐"。所以，18年前，在某个城市某间产房的某个角落，一个严厉的老人拂袖而去，留下那苍白的

---

① 【浑浑噩噩】形容混沌无知的样子。
② 【逡（qūn）巡】有所顾虑而徘徊或退却。

床单上一个同样苍白而孤独的女人，抱着一个张着大嘴"哇哇"啼哭的干瘪丑陋的小孩。在地图的那一边，在记忆模糊的海边，年轻的父亲接到"生一女"的电报后，整整躺了两个星期，整整两个星期。

不久，奶奶去世了。我便成了"我"，而这个名字是我偷来的。

我是一个拙劣的小偷，不经意间连累了我的母亲。海桐，海桐，海桐……

"凤凰鸣矣，于彼高冈；梧桐生矣，于彼朝阳。"①

我应该是个八尺男儿，即使不能金戈铁马，醉卧沙场，也应该玉树临风，"谈笑间樯橹灰飞烟灭"。真可惜，我只是个他人口中"无用"的女孩，既不美丽，也不灵巧。

几年前，我偶然在字典上翻到这样的词条："海桐，常青灌木植物，植株矮小，开白色小花。"我释然，我对自己说：原来对于我，再也没有比"海桐"更贴切的诠释了，我只是一丛普通的灌木，在一生的期待中开出白色的小花，然后宣告我的无罪。可只是这样吗？有人问我："只是甘心做一棵梧桐？你愿意以这词条作为你寻觅多年的辩词，来解除你难以照他人期望成为'梧桐'的挫败？"是吗？一旦认定自己是棵海桐，是不是就会解开自降生时就套上的枷锁？是不是就会放弃多年来希冀成为"梧桐"的奋斗？是不是就会失去再长高、再长高的愿望？

我是个拙劣的小偷，没有辩护律师。在我好不容易找到辩词后，才发现法官早死了，听众也走光了，只有我一个人，一个人站在记忆的法庭上，任难以成为"梧桐"的无奈与不甘心做"海桐"的抗争在心底拔河，注定我永久的挣扎与反抗。

---

① 【凤凰鸣矣，于彼高冈；梧桐生矣，于彼朝阳】见于《诗经·大雅》，诗人用凤凰和鸣、歌声飘飞山冈、梧桐疯长、身披灿烂朝阳来象征品格的高洁美好。

我比想象的灵巧

我记得大概 3 岁多的时候在上幼儿园里的一堂学系鞋带的课上,我感受到另一种挫败:我胖胖的双手对那两根鞋带完全无能为力,我蹲在地上紧紧攥住那两根与我作对的绳子,听见有人轻轻地说:"这孩子脑子还行,就手挺笨的。"这句话真的很轻,可我却牢牢地记住并相信了:我是个脑子还行手很笨的孩子。我一直避免参加手工活动,因为我"手很笨",所以至今不会折纸手工。而在为初三的元旦晚会筹备时,我发现我是系气球系得最紧最快的一个,我豁然:原来,我的手也可以灵巧。

让人啼笑皆非吧,一句无意的话让一个孩子傻傻地记了那么多年,自卑了那么多年。有些话对你早已云淡风轻,对我却刻骨铭心。

我们常常在别人的暗示与判定下肯定自我的价值。可总有些时刻,别人的期待我们难以达到,别人的判定让我们灰心丧气。而对于一个懵懂世事,只懂得相信的孩子,有些判定会根植他心里,并使他怀疑自己。

"自己",尤其在心理上,几乎对所有人来说都是一个终身的谜,所以,我相信潜意识,相信潜能,相信——态度决定命运。

很多人在"挖掘"我的"学习秘密"时,都带着"寻宝"的神情,也往往不能满足于我的答案。其实,几乎所有的人都知道正确的学习方法,可在空谈和实践之间,十天与十年的差距前,每个人作出了不同的选择。原因很简单,每个人态度不同。可态度是什么呢?套用一本书的说法:"态度是成功的标准,对于自我生存的态度,可能是开启成功大门的钥匙,也可能是锁头。"对于我,态度与人的心性、经历似乎都密不可分,所以我相信某些人对人生的影响力。

习惯是一种力量

我的童年并不是阳光灿烂的日子。我常常被锁在屋里倾注于风琴、字与连环画。因为有着苛刻严厉的父母,我有了很多别样的记忆:我用幼稚的童音背李煜的《虞美人》，然后小心翼翼地等候叔叔阿姨的掌声。

在逃风琴课后，我被罚跪在小凳上一整个下午，并被剥夺了晚饭；在被风琴老师批评练习不认真后，妈妈一边打我手心，一边一字一顿地说："要做什么事就一定要做好，否则就别做"；第一次考试得了99分后，因怕爸爸责备，我躲在门外小道上哭，不敢回家；在与父亲散步的路上，我在父亲的带领下埋首于数苹果、分梨子的应用题。

在有意无意的暗示、训言中，我开始慢慢变得努力地去做每一件事，总期望能做得很好，一直到很多年后，我才猛然惊觉这成了一种习惯！

习惯了！多么可怕又强有力的力量！"习惯开始于有意无意的观察，友好的暗示和经验——像薄薄的蜘蛛网——随着实践成为了打不破的锁链来束缚或勉励我们的生活。"无法否认，这种习惯给我的生活和学业带来了很大的促进，可它同时给我巨大的压力，虽然最开始我并没有觉察到。这种压力，随着岁月流逝逐渐强大，以至于因我在高考模拟考试中发挥失常，父母再三强调"给我压力"时，我苦笑——这份压力来自十几年前的那次惩罚，那次训斥，甚至那次奖赏。这是不是应了佛家的"因果"？

你选择了鱼肉的美味，也就选择了鱼刺的纠缠，天下没有只赚不赔的买卖。随着阅历的增长，我发现"习惯"带来了另一个反面效应：我害怕出错，我变得和我母亲一样追求完美，唯一不同的是——我清楚明白地知道："完美"永远是可遇而不可求的！这样的心理障碍和十三四岁特有的偏执与不驯"成就"了我初中三年灰色的心路历程。

享受错误　体会尴尬

我毫无悬念地从石室中学初中部升入了高中部，当我又一次静静地立在石室门前，唯有那古朴的红墙绿瓦与我默然相望，那一时的对视千言万语。我突然间失去了像一头斗牛般随时准备着冲向眼前挑战的锐气，就像我突然间失去了对漫画的兴趣。于是，我在高中的第一篇周记中写道："世事尘嚣，尤需宁静。"置身于人才济济的理科实验班，面对着更加残酷的竞争，但求能宁静地面对上苍，相信生活终会为自己尽现衷情。

高2001级1班（理科实验班），永远是一个让我忍不住微笑面对的名词。就像一位同学在毕业留言中写的："只因有了54位自称'天才'的家伙的相聚，就有了狂风、闪电、雷雨——这些青春之歌中的旋律，却是我们身体中无法磨灭的年轮。"在高2001级1班的三年成为我们每一位同学对青春的诠释。我们可以在全国数理化竞赛中摘取奖项；可以在高考中取得640分的平均成绩；也可以在大合唱、艺术节中大放异彩；也可以用每人一张的课程表做成扑克牌来"打发时光"……在这样一个集体里，你很难不刻苦学习，也很难不思维活跃。至今，在我每一次对高中生活细细地回想中都能得到新的东西。

而在三年的高中生活中，又一件"意外"沉重地打击了我，小姑的英年早逝。在巨大痛苦中我猛然明白：原来生活的列车有时会出轨，于是我们面目皆非。生命本来就没有恒常，谁会知道下一秒下一分会发生什么样的事情，会有怎样的苦痛？所以没有永远，只有这一刻、下一刻可以感受和把握。与其像某些人一样在每一个瞬间都想抓住些什么却终无所获，不如做黑夜里的烟火，在刹那，用一生的热情幻化成绚烂的景致，照亮我们苍白的灵魂。我开始去"享受"错误，"体会"尴尬，也投入了丰富的课外生活，在艺术节中参加舞蹈比赛，在班级辩论赛中一示辩才；在迎接国际卫生组织成员的英语短会上力陈"吸烟危害"；

北京大学

在校庆排演的话剧《石室风云》中扮演进步学生；我也可以守着电视看心爱的《灌篮高手》；可以边吃爆米花边看芭蕾舞剧；还可以挑灯夜战写周记。是的，周记，虽然最初是源于老师的作业要求，但后来它却成为我生活中最漂亮的一页。因为，在周记里没有"是"与"非"，它永远是"本我"的世界，"美"的世界。我只想表达纯粹的自我感受而不在乎别人的评论。即使我笔触稚嫩又如何呢？我十七岁，稚嫩是我的权利，也是我的生命特质。十七岁的激情与冲动是一生只能拥有一次的机遇，我不希望十七岁的自己少年老成，就像我不希望十七岁的自己还一派少女天真烂漫。昨夜躺在我耳边给我的美梦带来清香的黄桷兰，今晨已成了干枯的残片，一碰就碎了。

所以，我在高考前宁愿"牺牲"一整天时间去享受这种自由表达的快乐，我一直觉得很多事情如果不赶快去做，就真的来不及了。

北大是我美丽羞涩的梦

即使我已微笑在生活中感觉每一点惊喜与快乐，但高考带来的压力，仍然像王家卫电影里的呓语如影随形。在我很小的时候，北大、清华就是我脑海中对大学的全部定义，我渴望进北大——就像在做一个美丽又羞涩的梦，可是生活是在偶然与必然间彷徨的流浪汉，未来的路苍茫而模糊，你总是可以在不断的考试中发现新的鼓励与打击，我不得不在校园里练"竞走"；我不得不一次又一次计算名次。我经常觉得害怕。一种恐惧一直像感冒一样纠缠着我，伴着我跌跌撞撞走过高考。我到底害怕什么呢？是害怕自己表现不能达到别人的要求？自信，对于在沙漠中跋涉的我只不过是海市蜃楼，在我心底最柔软的角落小声而固执地呜咽着。可我一直是幸运的，在我不长的人生中，不断有爱我的人，呈我以满捧的鲜花。在每个忘不了的时刻里，他们都在那里，一遍遍温柔而坚定地对我说："你能行，你能行。"这些呵护是我所有的信心来源。

而什么时候，什么时候我会不再需要他们的鼓励，我会真正坚定而自信地走上自己的道路?

练习与思考

一、给下列加点字注音

逡巡（　　）　沙砾（　　）　樯橹（　　）　攥（　　）

枷锁（　　）　懵懂（　　）　彷徨（　　）　蜃（　　）

诠释（　　）　拂袖（　　）　呓语（　　）　黄桷兰（　　）

二、阅读课文，思考下列问题

1. 读"奶奶拂袖而去"部分，用简短的话描述一下"我"婴儿时期所经历的故事。作者为什么说自己是个"拙劣的小偷"？在奶奶、爸爸和他人眼中，"我"是一个怎样的女孩？奶奶心目中的"我"应该是怎么样的呢？

2. 读"我比想象的灵巧"部分，探讨"我"在幼儿园时发生了什么事情，这件事情对"我"产生了什么样的影响，给了"我"哪些启示。

3. 读"习惯是一种力量"部分，探讨父母的教育给童年时期的"我"带来了哪些潜移默化的影响，"我"是如何看待这些影响的。

4. 读"享受错误　体会尴尬"部分，探讨作者记录了她的哪些生活经历，高中时发生了什么事情令"我"心碎神伤，这种"巨大的痛苦"使"我"对生命有了哪些新的认识，对"我"的高中生活产生了哪些影响。

三、知识拓展

　　人生路上，每个人生活都有自己的精彩，你也有不同于他人的经历或体验，或许是一处风景，或许是一个笑容，或许是一次选择……随着你的不断成长，也许你眼中的事物会发生变化，也许你的思想会发生变化，也许你对待问题的方式和态度有了变化。请以《不一样的　》为题写一则生活片段的短文，开展小组交流。

四、读读记记

　　1.一个人要实现自己的理想，最重要的是要具备以下两个条件：勇气和行动。

——【中国】俞敏洪

　　2.一个人可以非常清贫、困顿、低微，但是不可以没有理想。只要理想存在一天，就可以改变自己的处境。

——【美国】奥普拉

24 我的故事以及背后的中国梦[①]

白岩松

•课文导读•

2009年3月30日，中央电视台主持人白岩松和央视摄制组赴美国拍摄专题片《岩松看美国》，3月31日白岩松及摄制组从纽约驱车赶往耶鲁大学，白岩松向耶鲁师生发表了题为《我的故事以及背后的中国梦》的演讲。该演讲以自己出生的年份1968年作为开始，讲述了1968年、1978年、1988年、1998年、2008年五个年份的故事，讲述了自己如何从一个边远小城的绝望孩子，成长为见证无数重要时刻的新闻人，并以个人命运为线索折射了四十年中美关系发生的深刻变化。白岩松的幽默向美国学生展现了中国人不一样的一面，让美国人看到了一个不一样的中国人，一个睿智、幽默的中国人；看到了一个不一样的中国。白岩松的成长故事又给了你什么启示呢？

过去的二十年，中国一直在跟美国的三任总统打交道，今天到了耶鲁我才知道，其实他只跟一所学校打交道。但是透过这三位总统我也明白了，耶鲁大学的毕业生的水准也并不很平均。

接下来就进入主题，或许要起个题目的话，应该叫《我的故事以及背后的中国梦》。我要讲五个年份，第一要讲的年份是1968年，那一年我出生了。

[①] 选自《白说：清新版》（长江文艺出版社2016年版）。白岩松（1968— ），央视著名主持人，曾获"中国十大杰出青年""中国播音与主持"大奖特等奖、"中国金话筒奖"等。主要作品有《痛并快乐着》《万事尽头，终将如意》等。

但是那一年世界非常乱,在法国有巨大的街头骚乱,美国也有,然后美国的肯尼迪遇刺了……但是这一切的确都与我无关。(1968年6月5日,前总统肯尼迪的弟弟罗伯特·F. 肯尼迪在洛杉矶遭枪击身亡。由于五年前,他的哥哥也是遇刺身亡,由此拉开"肯尼迪家族魔咒"的大幕。此事在当年震惊全美国。)

那一年我们更应该记住的是马丁·路德·金先生遇刺,尽管他倒下了,但是"我有一个梦想"这句话却真正地站了起来。不仅在美国站起来,也在全世界站起来。

可惜很遗憾,当时不仅仅是我,几乎大多数中国人都不知道这个梦想,因为当时的中国人,每一个个人,很难说拥有自己的梦想。梦想变成了一个国家的梦想,甚至是领袖的梦想。

中国与美国的距离非常遥远,不亚于月亮与地球之间的距离。但是我并不关心这一切,我只关心我是否可以吃饱。因为我刚出生两个月就跟随父母被关进了"文化大革命"特有的一种牛棚,我的爷爷为了给我送点儿牛奶,要跟看守进行非常激烈的搏斗。

很显然,我的出生非常不是时候,无论对于当时的中国还是对于世界,似乎都有些问题。

第二个年份是1978年,我十岁。

我依然生活在我出生的那个只有二十万人的小城,要知道,在中国它的确非常非常小。它离北京的距离是两千公

耶鲁大学校园

里,北京出的报纸,我们要三天之后才能看见。所以对于我们来说,是不存在"新闻"这个东西的。

那一年我的爷爷去世了,而在两年前我的父亲也去世了,所以只剩下我母亲一个人要抚养我们哥儿俩。她一个月的工资不到十美元。因此即使十岁了,"梦想"对我来说,依然是一个非常陌生的词汇,我从来不会去想它。

我母亲一直到现在也没有建立新的婚姻,是她一个人把我们哥儿俩抚养大。我看不到这个家庭的希望,只是感觉那时的每一个冬天都很寒冷,因为我所生活的城市离苏联更近。

但是就在我看不到希望的1978年,不光是中国这个国家,还有中国与美国这两个国家之间,发生了非常巨大的变化。那是一个我们在座所有人今天都该记住的年份。

1978年12月16日,中国与美国正式建交,那是一个大事件。而在中美建交两天之后,12月18日,中国的十一届三中全会召开了。今天你们知道,那是中国改革开放的开始。

历史,两个伟大的国家,一个非常可怜的家庭,就如此戏剧性地交织在一起。不管是小的家庭,还是大的国家,其实当时谁都没有把握知道未来是什么样的。

接下来该讲1988年了,那年我二十岁。已经从边疆的小城市来到了北京,成为一个大学生。

虽然今天依然有很多的人在抨击中国的高考制度,认为它有很多很多的缺陷,但是必须承认正是高考的存在,让我们这样一个又一个非常普通的孩子,拥有了改变命运的机会。

当然,这个时候美国已经不再是一个很遥远的国家,它变得很具体,也不再是过去那个口号当中的"美帝国主义",而是变成了生活中的很多细节。我已经第一次尝试过可口可乐,而且喝完可口可乐之后,会觉得中美两个国家真是如此接近，因为它的味道几乎跟中国的中药是一样的。我也已经开始狂热地喜欢摇滚乐，那正是迈克尔·杰克逊还长得比较漂亮的时候。

更重要的是，这个时候的中国，已经开始发生非常大的变化，因为改革已经进行了十年。中国开始尝试放开很多商品的价格。这在你们会觉得是非常不可思议的事情，但在当时的中国是一个很大的迈进，因为过去的价格都是由政府决定的。

不过，也就在那一年，因为放开了价格，引起了全国的疯狂抢购。大家都不知道这种状况会持续多久，于是要把一辈子的食品和用品买回家里。这标志着中国离市场经济越来越近了。当然那个时候没有人知道市场经济也会有次贷危机。

当然我知道，1988年对于耶鲁大学来说也格外重要，因为耶鲁的校友又一次成为美国总统。

接下来又是一个新的年份，1998年。

那年我三十岁，已经成为中央电视台的一个新闻节目主持人。更重要的是，我已经成为一个一岁孩子的父亲。我开始明白我所做的许多事情不仅要考虑我自己，还要考虑孩子及他们的未来。

那一年中美之间发生了一个非常重要的事件，主角就是克林顿。也许在美国你记住的是"性丑闻"，但在中国记住的，是他6月份的来访。

他在人民大会堂和江泽民主席召开了一场开放的记者招待会，又在北京大学进行了一场开放的演讲，两场活动的直播主持人都是我。

当克林顿总统即将离开中国的时候，记者问道："这次访问中国，您印象最深的是什么？"他说："我最想不到的是，这两场活动居然都直播了。"

不过直播让中国受到了表扬，却让美国受到了批评，当然只是一个很小的批评。在克林顿总统的北大演讲中，由于全程用的都是美方提供的翻译，因此翻译水准远远达不到今天我们翻译的水准。

我猜想很多中国观众知道克林顿的确一直在说话，但说的是什么，不太清楚。所以我在直播结束时，说了这样的一番话："看样子美国需要对中国有更多的了解，有的时候要从语言开始。"包括美联社在内的很多美国媒体都报道了我的这句话，但是我的另一句话不知道他们有没有报道，"对于中美这两个国家来说，面对面永远要好过背对背。"

也是在这一年的年初，我开上了我人生中的第一辆车。这是我在过去从来不会想到的，中国人有一天也可以开自己的车。个人的喜悦，也会让你印象深刻，因为第一次是最难忘的。

接下来我要讲述的是2008年，这一年我四十岁。

已有很多年大家不再谈论的"我有一个梦想"，这一年却又听到太多美国人在讲。看样子，奥巴马的确不想再接受耶鲁占领美国二十年这样的事实了。他用"改变"以及"梦想"这样的词汇，让耶鲁大学的师生为他当选总统举行了庆祝。这个细节让我看到了耶鲁师生的超越。

而这一年，也是中国梦非常明显的一年。无论是北京奥运会，还是"神舟七号"让中国人第一次在太空中行走，都是中国人期待已久的梦想。但是，就像全世界所有的伟大梦想都注定要遭受挫折一样，突如其来的四川大地震，让这一切都变得没有那么美好。

我相信这个时候中国人对于生命的看法，跟美国人和世界上一切善待生命的民族都是一样的。八万个生命的离开，让每一个中国人度日如年。我猜在耶鲁校园里，在每一个网页、电视以及报纸里，也有很多来自中国和世界各地的人们，为这些生命流下眼泪。

但是就像四十年前马丁·路德·金先生倒下，却让"我有一个梦想"这句话站得更高，站得更久，站得更加让人懂得其价值一样，更多的中国人也明白了：梦想很重要，生命更重要。

在北京奥运会期间，我度过了自己的四十岁生日。那一天我感慨万千，虽然周围的人不会知道。因为时间进入我生日那天的时候，我在直播精彩的比赛；二十四小时后，时间要走出这一天了，我依然在直播。

我觉得自己非常幸运，正是这样一个特殊的生日，让我意识到我的故事背后的中国梦。正是在这样的四十年里，我从一个根本不可能有梦想的边远小城的孩子，变成了一个可以在全人类欢聚的节日里，分享并传播这种快乐的人。这是一个在中国发生的故事。

同样是在这一年，中国和美国相距不再遥远，你中有我，我中有你，彼此需要。据说布什总统度过了他做总统以来在国外——而且是同一个国家——待得最长的一段时间，就是北京奥运会。菲尔普斯拿到了八块金牌，他的家人都陪伴在他身边，所有的中国人都为这样一个特殊的家庭祝福。

当然，任何一个梦想都会转眼过去。在这样一个年份里，中美两国几乎是历史上第一次同时发出了"我有一个新的梦想"的声音。这样的时刻，如此地巧合，如此地应该。

美国面临了一次非常非常艰难的金融危机，当然不仅仅是美国，全世界都受到重大的影响。昨天我到达纽约，刚下飞机，去的第一站就是华尔街。我看到华盛顿总统的雕像，他的视线总是永久不变地盯着证券交易所上那面巨大的美国国旗。非常奇妙的是，雕像后面的展馆里正在举行"林肯总统在纽约"这样一个展览，因此林肯总统的大幅画像也挂在上面，他也在看那面国旗。我读出了非常悲壮的一种历史感。

离开那个地方的时候，我对我的同事说了这样一句话："很多很多年前，如果美国发生了这样的状况，也许中国人会感到很开心，'你看，美国又糟糕了'。但是今天的中国人会格外地希望美国尽早好起来，因为我们有几千亿的钱在美国。"

我们还有大量产品等待着装上货船，送到美国来。如果美国的经济进一步转好，这些货品背后，就是一个又一个中国人增长的工资，是他重新拥有的就业岗位，以及家庭的幸福。因此，你明白，这不是一个口号的宣传。

过去的三十年里，你们是否注意到与一个又一个普通的中国人紧密相关的中国梦？我不知道世界上还有哪个国家，可以在三十年里，让个人的命运发生这么大的变化。一个边远小城市的孩子，一个绝望中的孩子，今天有机会在耶鲁跟各位同学交流，当然也包括很多老师和教授。

中国这三十年，产生了无数个这样的家庭。他们的爷爷奶奶依然守候在土地上，仅有微薄的收入，千辛万苦。他们的父亲母亲，已经离开了农村，通过考大学，在城市里拥有了很好的工作。而这个家庭的孙子孙女也许此刻就在美国留学。三代人，就像经历了三个时代。如果我没有说错的话，现场的很多中国留学生，你们的家庭也许就是这样，对吗？

那么，在你们观察中国的时候，也许经常关注的是"社会主义"或其他庞大的政治词汇，或许该换一个视角，去看看十三亿普通的中国人，看他们并不宏大的梦想、改变命运的冲动、依然善良的性格和勤奋的品质。今天的中国是由刚才的这些词汇构成。

过去的很多年里，中国人看美国，似乎在用望远镜看。美国所有美好的东西，都被这个望远镜给放大了。经常有人说美国怎么怎么样，我们这儿什么时候能这样。

过去的很多年里，美国人似乎也在用望远镜看中国，但是我猜他们拿反了。因为他们看到的是一个缩小了的、错误不断的、有众多问题的中国。他们忽视了十三亿非常普通的中国人改变命运的冲动和欲望，使这个国家发生了如此巨大的变化。

我也一直有一个梦想，为什么要用望远镜来看彼此呢？我相信现场的很多来自中国的留学生，他们用自己的眼睛看到了最真实的美国，用自己的耳朵了解了最真实的美国人内心的想法，很难再被其他的文字或声音改变，因为这来自他们内心的感受。

当然我也希望更多的美国人,有机会去看看中国,而不是透过媒体去了解中国。你知道我并不太信任我的所有同行——开个玩笑。其实美国同行是我非常尊敬的同行,我只是希望越来越多的美国朋友去看一个真实的中国。我起码敢确定一件事情:你在美国吃到的即使被公认为最好的中国菜,在中国都很难卖出好价钱。

就像很多年前,中国所有的城市里都流行着一种"加州牛肉面",人们认为美国来的东西一定非常好吃,所以他们都去吃了。即使没那么好吃,因为这是美国来的,大家也不好意思批评。这个连锁快餐店在中国存在了很久,直到越来越多的中国人亲自来到美国,发现加州原来没有牛肉面。

随着加州牛肉面的连锁店在中国陆续消失,我们知道了,面对面的交往越多,彼此的误读就越少。

最后我想说,四十年前,马丁·路德·金先生倒下的时候,他的那句"I have a dream"传遍了全世界。但是,一定要知道,这句话不仅仅有英文版,在遥远的东方,在历史延续几千年的中国,也有一个梦想。

它不是宏大的口号,不只属于政府,它属于每一个非常普通的中国人。而它用中文写成:我有一个梦想。

2009 年耶鲁大学

练习与思考

一、阅读课文,思考下列问题

1. 白岩松以自己出生的年份 1968 年作为开始,讲述了 1968 年、1978 年、1988 年、1998 年、2008 年五个年份的故事,讲述了他是如何从一个边远小城的绝望孩子,成长为见证无数重要时刻的新闻人,这样的叙述线索有何深刻的内涵?

2. 这是一场有很多"梦想、改变"字眼的演讲，对此你是如何理解的？

3. 在演讲的最后，白岩松用了一个望远镜的比喻。他说"我也一直有一个梦想，为什么要用望远镜来看彼此呢？""希望更多的美国人，有机会去看看中国。"结合你所了解的新闻实际，试着分析一下中国文化对美国人的影响。

4. 白岩松的成长故事给了你什么启示？

二、知识拓展

下面是某校为教师编写个人专业发展规划而提供的流程图，请把这个图转写成一段文字介绍，要求内容完整、表述准确、语言连贯。

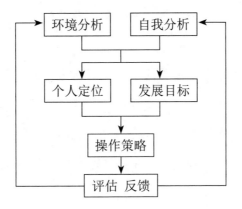

三、读读记记

1. 如果错过了太阳时你流了泪，那么你也要错过群星了。

——【印度】泰戈尔

2. 命运并不存在于一小时的决定中，而是建筑在长时间的努力、考验和默默无闻的工作基础上。

——【法国】罗曼·罗兰

25 相信未来[①]

食　指

· 课文导读 ·

　　《相信未来》这首诗是批判现实的代表作，写于1968年，诗人在经历了初期的盲动，被政治浪潮冲向农村"广阔天地"之后，对"文革"已有了一些较为清醒的看法，特别是对"文革"中个人命运的遭遇有了切身的感受。曾经有过的热烈、单纯的理想遭到了狂风暴雨的冲刷，内心充满了失落、迷茫和悲哀，但他又不甘于轻易地放弃理想和希望。于是，希望与绝望的剧烈冲突，经由他的笔流淌出来。在那样一个混乱、迷惘的年代，诗人和有相同境遇的人深深感到命运的悲剧性，随即写下这首诗来自我鼓励，恪守自己对明天的承诺。

　　该诗以其深刻的思想、优美的意境、朗朗上口的诗风让人们懂得了在逆境中，怎样好好地生活，怎样自我鼓励，怎样矢志不渝地恪守自己对明天的承诺。该诗曾以手抄本的形式在社会上广为流传，并迅速传诵于一代青年人的口中，食指因此也拥有了"知青诗魂"的称号。

[①] 选自《食指诗选》（人民文学出版社2009年版）。食指（1948—　），原名郭路生，山东鱼台人，朦胧诗代表人物。主要作品有《相信未来》《食指·黑大春现代抒情诗合集》《食指的诗》等。

当蜘蛛网①无情地查封了我的炉台②,
当灰烬的余烟③叹息着贫困的悲哀,
我依然固执地铺平失望的灰烬,
用美丽的雪花④写下:相信未来。

当我的紫葡萄⑤化为深秋的露水⑥,

---

① 【蜘蛛网】黑暗的势力。在生活中,"蜘蛛网"出现在人的活动长久消失的地方,这些地方往往落满灰尘,给人以黑暗或者灰暗的色调,且毫无生机,死气沉沉;而"网"这一意象中心语带给人的切身感受是全身性的"束缚",所以诗句中用了一个词叫"查封",显然是对"束缚"这一意象信息的象征性提升。所以"蜘蛛网"这一意象蕴含着"灰色调""毫无生机""给人以束缚"这样三个符合语境的信息。
② 【我的炉台】产生希望的地方。之所以把"我的炉台"作为一个意象,是因为"我的"二字的加入更符合对"意象"的定义:融入了"诗人主观情感"的客观物象。《相信未来》写于北方,食指也是北方人,在没有暖气供应的时候,炉子是北方人冬天取暖的工具,带给人的是一种日常的普世的温暖。故"我的炉台"可以理解为带给"我"内心以温暖的一切生活,进而转化性地理解为"我"内心对生活的热情、希望甚至理想。而这一切,都被现实中"灰暗的""毫无生机"且到处"给人以束缚"的外在社会给无情地"查封"了。
③ 【灰烬的余烟】残余的希望。"灰烬"和"灰烬的余烟"带给人完全不同的感受:"灰烬"是静态的,黑沉沉的死寂;"灰烬的余烟"中心语在"余烟",它是动态的,从"灰烬"之中袅袅升起,带给人以些微的动感和可能燃烧的希望,所以"灰烬的余烟"显示着死寂之中的希望。虽然生活有如"灰烬"般的死寂,但依然有"余烟"般的"叹息"显示着生命尚存的气息和希望。
④ 【美丽的雪花】指纯洁与质朴。"雪花"在诗人内心首先是"美丽的",构成心灵上的亮色和愉悦;其次,"雪花"的洁白和"蜘蛛网"的灰色调以及"灰烬"的黑色调构成色彩上的强烈对比,带给人以愉悦和乐观的情绪,给人以希望。再次,雪花可以覆盖脏脏的大地,让整个世界焕然一新,给人一个崭新的未来。
⑤ 【紫葡萄】成熟的果实。"葡萄"是夏季里甜蜜的收获,最成熟的葡萄是紫色的,所以可以说"紫葡萄"是人生命力旺盛时最甜蜜的收获。同时,紫色也是一种高贵的生命的颜色,这种高贵源自于苦难中不屈不挠的顽强的生命力。诗人写《相信未来》时二十岁,时值生命力旺盛而有才华的季节,《相信未来》这首诗本身就是诗人在这个人生季节里最美的收获,同时诗人也在人生的困境和磨难中生存着,所以这里两种关于紫色的分析都与诗人的写作语境相吻合。
⑥ 【深秋的露水】失望的情感。秋主肃杀之气,"深秋"更是万物衰败的季节,"露水"虽然清纯,但对生命的滋养实在有限,在这个肃杀的季节,任何的风吹草动都可以抹杀它的存在,极易消逝。所以"深秋的露水"象征极易消逝的事物甚至人脆弱的存在,以与"紫葡萄"的内涵相照应。

当我的鲜花①依偎在别人的情怀，
我依然固执地用凝霜的枯藤②，
在凄凉的大地③上写下：相信未来。

我要用手指那涌向天边的排浪④，
我要用手掌那托起太阳的大海⑤，
摇曳着曙光⑥那支温暖漂亮的笔杆，
用孩子的笔体写下：相信未来。

我之所以坚定地相信未来，
是我相信未来人们的眼睛⑦——
她有拨开历史风尘的睫毛，
她有看透岁月篇章的瞳孔。

---

① 【我的鲜花】美好的情感。"鲜花"在"情怀"的暗示下自然地指向了成功、荣誉以及获得它们的机会或者平台，"我的鲜花"指原本属于"我"的或者"我"原本应该有的机会、荣誉、成功等现实中都成了"别人"的了。

② 【凝霜的枯藤】遭受不幸，但有任性的不屈精神。"枯藤"指枯干的绝无生命力的藤，"凝霜"虽已无法滋养枯藤的生命，但诗人选择"凝霜"的"枯藤"来书写很好地表明了他内心的"固执"——固执于生命的希望，哪怕非常的微茫。

③ 【凄凉的大地】黑暗的现实。"大地"是永远的母体，是永远的诞生和死亡之所。尽管在现实中"凄凉"，但反动的必将速朽死亡，正义的必将重见光明，大地的生命力是无法抹杀的。

④ 【天边的排浪】象征着时代的暗流。以作者所处的时代(1968年)，可理解为时代的潮流曙光，象征希望。排浪，定语是"涌向天边的"，这是一种无限的气势和力量。

⑤ 【大海】定语是"托住太阳的"，这是一种雄浑博大的气度和胸怀。

⑥ 【曙(shǔ)光】即清晨阳光。阳光是万物生长的生命之源，而"清晨"的阳光又暗示了黑暗的过去和黎明的到来。诗人"摇曳"着这清晨的阳光，有着对美好生命力的确信，有着对黑暗时光必将消亡的确信。

⑦ 【人们的眼睛】热情、客观、公正的评定。这是"未来"的人们的眼睛，"她有拨开历史风尘的睫毛"，"她有看透岁月篇章的瞳孔"，即诗人相信未来的人们具有一种拨开历史迷雾的理性。

不管人们对于我们腐烂的皮肉①，
那些迷途的惆怅，失败的苦痛，
是寄予感动的热泪、深切的同情，
还是给以轻蔑的微笑、辛辣的嘲讽。

我坚信人们对于我们的脊骨②，
那无数次的探索、迷途、失败和成功，
一定会给予热情、客观、公正的评定，
是的，我焦急地等待着他们的评定。

朋友，坚定地相信未来吧，
相信不屈不挠的努力，
相信战胜死亡的年轻，
相信未来，热爱生命。
　　　　1968年北京

---

① 【腐烂的皮肉】指"那些迷途的惆怅，失败的苦痛"，在与后面的"脊骨"相对照之后可以知道，这些惆怅、苦痛是表面的创伤、暂时的困难。又指我们保守的思想。
② 【我们的脊（jǐ）骨】执著的追求和坚守的精神。指"那无数次的探索、迷途、失败和成功"。"脊骨"支撑着人的躯体，一般用来象征一个民族的脊梁。在这里内化为一个群体"我们"的精神支柱，而这些精神上的"探索"无疑也是对一个处在困境中民族出路的探索。诗人相信"未来"的人们会用历史的理性对他们受到的伤害、有益的探索"给予热情、客观、公正的评定"。

练习与思考

一、阅读课文，思考问题

1. 诗一开头就用"蜘蛛网""炉台""余烟""灰烬"等几个意象，给人们描绘出了一个怎样的时代背景？而诗人却"用美丽的雪花写下：相信未来"，这里的"雪花"有何种意义？

2. 在那个阴云密布、精神痛苦的时代，《相信未来》在人们心灵上投下了一道希望之光。这首诗最为动人的内核是什么？

3. 诗人相信"未来人们的眼睛"能"拨开历史风尘"，"看透岁月篇章"。结合"睫毛""瞳孔"两个意象，谈谈你的理解。

4. 诗的最后一节，用热情的呼告，满怀激情地鼓舞人们"相信不屈不挠的努力，相信战胜死亡的年轻，相信未来，热爱生命"。表达诗人怎样的信念与思想情感？

二、知识拓展

在学完食指的《相信未来》后，请大家在课后认真阅读《热爱生命》《假如生活欺骗了你》《面朝大海，春暖花开》，相互交流，并将心得体会记录在读书笔记上。

三、读读记记

1. 人类世界最庄严的感情，那就是对生命的热爱。　　——【中国】莫言

2. 人生是一场大火。我们每一个人唯一可做的就是从这场大火中多抢救一些东西出来。　　——【美国】比尔·盖茨

综合实践活动：话剧

活动目标：

1. 了解话剧的基本特征，掌握话剧的编排技法。

2. 激发学生剧本阅读、话剧表演的兴趣，提升生活审美能力。

3. 通过话剧表演提高学生的语言表达能力和沟通交际能力。

活动准备：

首先我们要了解话剧的基础知识。

一、什么是话剧

话剧指以对话方式为主的戏剧形式，于19世纪末20世纪初传到中国。话剧是一门综合性艺术，融剧本创作、导演、表演、舞美、灯光于一体。与传统舞台剧、戏曲相区别，话剧主要表现手段为演员在台上无伴奏的对白或独白，但可以使用少量音乐、歌唱等。

中国早期话剧产生于1907年，当时称"新剧"或"文明戏"，但辛亥革命之后逐渐衰落。五四运动后，欧洲戏剧传入中国，中国现代话剧兴起，当时称"爱美剧""白话剧"或"真新剧"。1920年，以上海新舞台上演萧伯纳名剧《华伦夫人的职业》和民众戏剧社的成立为标志，话剧正式走上中国舞台。1928年，导演洪深提议将其定名为话剧，以统一有关这个新的艺术形式的多种不同称谓，并使其区别于中国传统戏曲，以独立的艺术品格和崭新姿态屹立于中国艺坛。郭沫若的《屈原》、老舍的《茶馆》、曹禺的《雷雨》、苏叔阳的《丹心谱》等，都是我国著名的话剧。

话剧具有如下几个基本艺术特点：

1. 舞台性。古今中外的话剧演出都是借助舞台完成的，舞台既有利于演员表演剧情，又有利于观众从各个角度欣赏。

2. 直观性。话剧首先通过演员的神态、动作、对话、独白等表演，直接作用于观众的视觉和听觉。再用化妆、服饰等手段进行人物造型，使观众能直接观赏到剧中人物的外貌特征。

3. 综合性。话剧是一种综合性的艺术，其特点是与塑造具体艺术形象、向观众直接展现社会生活情景的需要相适应的。

4. 对话性。话剧区别于其他剧种的特点是通过大量的舞台对话展现剧情、塑造人物和表达主题。其中有人物独白，有对话，在特定的时间、空间内完成戏剧内容。

二、表演话剧的注意事项

1. 对待排练一定要认真，用真正上台表演时的心态对待每一次排练。台上一分钟，台下十年功，只有千锤百炼的表演才能游刃有余。同时，排练也考验着你的合作意识和团队意识。

2. 不能笑场。笑场是一种不尊重戏剧、演员的行为，是一种不负责任的态度。

3. 切忌抢戏。任何人都不能为了表现自己而抢风头。话剧是团队作品，不是独角戏，每个人都有自己特定的责任，有自己的表演空间，有自己独特的价值和意义。不能轻视小角色，也不需要羡慕大角色，演好自己的那部分戏就是成功。演戏就像做人，要本分、要厚道。

4. 道具的使用。必须要在公演之前反复地检查道具情况，千万不能因为道具的疏漏而把戏演砸了。

活动基本流程及技巧：

一、话剧选材

剧本是话剧表演的重要因素。学生通过对剧本的学习可以了解剧情，掌握台词中的生词或短语，提高人文素养。因此，教师要为学生挑选或编写适合的剧本。剧本挑选有以下两种方法：一种是选用现成的剧本。目前许多文学作品已改编成剧本或已有现成的话剧剧本，如曹禺的《雷雨》《北京人》、胡适的《差不多先生》等具有代表性的作品。选用以文学作品为基础的剧本，通过话剧表演和剧本教学，学生可以逐步理解话剧中所蕴含的政治、历史、地理等各种文化因素。虽然现成剧本使用比较方便，但是需要进行剧本加工。剧本加工前教师需要深入考虑学生的语言水平和舞台表演的实际条件，还要研究好整个文学作品的剧情和时代背景，因此需要做好充分的准备工作。

另一种是创作剧本。根据学生的兴趣与动机，学生自己创作剧本。既可以选择不脱离学生日常生活的内容，也可以选用学生比较熟悉的著名故事改编成剧本。编写剧本时，需要考虑语言的难度和实用性。话剧表演成功与否与学生的兴趣密切相关。剧情应当调动学生的积极性，使学生更自觉、更有兴趣地进行综合实践活动。创作剧本一方面可以让学生发挥积极主动性和聪明才智，另一方面可以提高学生的写作能力。因此，创作剧本可以满足不同水平学生的学习要求，针对初级水平的学生，通过剧本学习可以提高其以听、说为主的语言交际能力，针对高级水平的学生，设计编写剧本可以提高其写作能力。

另外，从观众的角度出发，剧本编写时还需要考虑兴趣因素。话剧是面向观众表演的，因此不可忽视观众的现场反应，要添加让观看者感兴趣的因素。

二、角色安排

为话剧安排角色是项非常重要的任务，演出的成功取决于适当的角色分配。角色安排不仅是谁扮演话剧中的某个角色，而且包括把学生适当地安排在演员、导演、舞台总监、负责舞台道具、灯光、音响等演职人员的位置上。话剧表演不仅需要台上的演员，还需要台下的演职人员。

三、发声朗读训练与表演技巧训练

在集中排练之前，教师要组织发音发声训练、朗读训练和表演技巧训练。大多数学生没有表演经验，通过钻研剧本和发声朗读训练，可以提高语言交际能力。教师按照层次性原则组织指导活动，从学生实际水平出发，形成由易到难、由简单到复杂、由表达到表演的训练顺序。如从发音练习至表情动作训练，教师既要从学生实际出发组织练习，又要适当调整难度，让学生夯实语言表演基础。以下是教师在每个阶段应当采用的教学方法：

1.发声发音训练。话剧表演不同于影视表演，在剧场中要让最后一排的观众都听得见台词。所以学生要靠长期认真的系统训练，培养控制音量、气息的能力。舞台上声音的高低、大小、强弱要根据气息控制，因此学生应熟练运用腹式呼吸的方法进行"深吸慢呼"的训练，提高控制气息的能力。

2.朗读训练。朗读剧本不仅是背诵台词的基础，而且有助于理解剧情。朗读训练包括朗读、演读和背诵三个环节。朗读是把无声文字化为有声语言，朗读过后，学生熟悉自己的台词并掌握好语调、停顿和轻重之后，教师可以组织演读环节。演读是朗读的升级版，学生用表演的方式进行朗读，说出台词的同时用丰富的表情把情感传达出来。演读有助于台词的背诵与记忆，对后期的情感表演也会有积极的影响。最后是背诵台词的环节。

3.表演技巧训练。由于学生对话剧表演缺少经验，因此需要添加表演技巧的教学。学生不但要练好自己的台词，而且需要加强动作、眼神的表现力，学会掌控舞台。教师为了训练学生表演的基本技巧可采用命题即兴表演训练法。命题即兴表演练习是培养学生的想象力、表现力、语言交际能力和应变能力的重要手段。可以把学生分成几个小组，教师给每组提供不同的命题，学生在指定时间内完成表演并展示。

四、集中排练

集中排练是让学生熟悉台词以及情感表达、手势与动作并搭配音乐、背景的过程。教师需要传授如何把背诵台词与情感表达融合在一起。学生通过不断的排练，可以熟能生巧，增强团队协作意识。

五、舞台表演

六、成果评价

话剧表演后，教师引导学生进行自主评价，让演员自由地表达参与表演的感受与得失，让观众品评整场话剧表演的优缺点。

【评分标准】

综合奖设置				
评分项目			分值（共100分）	得分
剧本与构思	30分	主题积极健康	10分	
		剧情新颖	10分	
		主旨明确，时间安排妥当	10分	
节目编排	20分	情节跌宕起伏，矛盾冲突明显	10分	
		服装道具、舞美和谐	10分	
表演技巧	40分	表演自然大方，投入剧情	10分	
		演员配合默契	10分	
		无忘词、漏词现象	10分	
		语言感染力	10分	
效果	10分	现场感染力	10分	
单项奖设置				
奖项类别			得分	
最佳导演奖	100分	主题鲜明突出，剧情安排合理		
最佳演员奖	100分	表演细腻，生动出色		
备注		本表仅供参考。		

综合训练：

一、认真阅读《雷雨》节选部分，完成实践任务

雷雨（节选）

曹　禺

仆人下。朴园点着一枝吕宋烟，看见桌上的雨衣。

朴　（向鲁妈）这是太太找出来的雨衣吗？

鲁　（看着他）大概是的。

朴　（拿起看看）不对，不对，这都是新的。我要我的旧雨衣，你回头跟太太说。

鲁　嗯。

朴　（看她不走）你不知道这间房子底下人不准随便进来么？

鲁　（看着他）不知道，老爷。

朴　你是新来的下人？

鲁　不是的，我找我的女儿来的。

朴　你的女儿？

鲁　四凤是我的女儿。

朴　那你走错屋子了。

鲁　哦。——老爷没有事了？

朴　（指窗）窗户谁叫打开的？

鲁　哦。（很自然地走到窗前，关上窗户，慢慢地走向中门。）

朴　（看她关好窗门，忽然觉得她很奇怪）你站一站，（鲁妈停）你——你贵姓？

鲁　我姓鲁。

朴　姓鲁。你的口音不像北方人。

鲁　对了，我不是，我是江苏的。

朴　你好像有点无锡口音。

鲁　我自小就在无锡长大的。

朴　（沉思）无锡？嗯，无锡（忽而）你在无锡是什么时候？

鲁　光绪二十年，离现在有三十多年了。

朴　哦，三十年前你在无锡？

鲁　是的，三十多年前呢，那时候我记得我们还没有用洋火呢。

朴　（沉思）三十多年前，是的，很远啦，我想想，我大概是二十多岁的时候。那时候我还在无锡呢。

鲁　老爷是那个地方的人？

朴　嗯，（沉吟）无锡是个好地方。

鲁　哦，好地方。

朴　你三十年前在无锡么？

鲁　是，老爷。

朴　三十年前，在无锡有一件很出名的事情——

鲁　哦。

朴　你知道么？

鲁　也许记得，不知道老爷说的是哪一件？

朴　哦，很远的，提起来大家都忘了。

鲁　说不定，也许记得的。

朴　我问过许多那个时候到过无锡的人，我想打听打听。可是那个时候在无锡的人，到现在不是老了就是死了，活着的多半是不知道的，或者忘了。

鲁　如若老爷想打听的话，无论什么事，无锡那边我还有认识的人，虽然许久不通音信，托他们打听点事情总还可以的。

朴　我派人到无锡打听过。——不过也许凑巧你会知道。三十年前在无锡有一家姓梅的。

鲁　姓梅的？

朴　梅家的一个年轻小姐，很贤慧，也很规矩，有一天夜里，忽然地投水死了，后来，后来，——你知道么？

鲁　不敢说。

朴　哦。

鲁　我倒认识一个年轻的姑娘姓梅的。

朴　哦？你说说看。

鲁　可是她不是小姐，她也不贤慧，并且听说是不大规矩的。

朴　也许，也许你弄错了，不过你不妨说说看。

鲁　这个梅姑娘倒是有一天晚上跳的河，可是不是一个，她手里抱着一个刚生下三天的男孩。听人说她生前是不规矩的。

朴　（苦痛）哦！

鲁　这是个下等人，不很守本分的。听说她跟那时周公馆的少爷有点不清白，生了两个儿子。生了第二个，才过三天，忽然周少爷不要了她，大孩子就放在周公馆，刚生的孩子抱在怀里，在年三十夜里投河死的。

朴　（汗涔涔地）哦。

鲁　她不是小姐，她是无锡周公馆梅妈的女儿，她叫侍萍。

朴　（抬起头来）你姓什么？

鲁　我姓鲁，老爷。

朴　（喘出一口气，沉思地）侍萍，侍萍，对了。这个女孩子的尸首，说是有一个穷人见着埋了。你可以打听得她的坟在哪儿么？

鲁　老爷问这些闲事干什么？

朴　这个人跟我们有点亲戚。

鲁　亲戚？

朴　嗯，——我们想把她的坟墓修一修。

鲁　哦——那用不着了。

朴　怎么？

鲁　这个人现在还活着。

朴　（惊愕）什么？

鲁　她没有死。

朴　她还在？不会吧？我看见她河边上的衣服，里面有她的绝命书。

鲁　不过她被一个慈善的人救活了。

朴　哦，救活啦？

鲁　以后无锡的人是没见着她，以为她那夜晚死了。

朴　那么，她呢？

鲁　一个人在外乡活着。

朴　那个小孩呢？

鲁　也活着。

朴　（忽然立起）你是谁？

鲁　我是这儿四凤的妈，老爷。

朴　哦。

鲁　她现在老了，嫁给一个下等人，又生了个女孩，境况很不好。

朴　你知道她现在在哪儿？

鲁　我前几天还见着她！

朴　什么？她就在这儿？此地？

鲁　嗯，就在此地。

朴　哦！

鲁　老爷，你想见一见她么？

朴　不，不，谢谢你。

鲁　她的命很苦。离开了周家，周家少爷就娶了一位有钱有门第的小姐。

她一个单身人，无亲无故，带着一个孩子在外乡什么事都做，讨饭，缝衣服，当老妈，在学校里伺候人。

朴　她为什么不再找到周家？

鲁　大概她是不愿意吧？为着她自己的孩子，她嫁过两次。

朴　以后她又嫁过两次？

鲁　嗯，都是很下等的人。她遇人都很不如意，老爷想帮一帮她么？

朴　好，你先下去。让我想一想。

鲁　老爷，没有事了？（望着朴园，眼泪要涌出）老爷，您那雨衣，我怎么说？

朴　你去告诉四凤，叫她把我樟木箱子里那件旧雨衣拿出来，顺便把那箱子里的几件旧衬衣也捡出来。

鲁　旧衬衣？

朴　你告诉她在我那顶老的箱子里，纺绸的衬衣，没有领子的。

鲁　老爷那种纺绸衬衣不是一共有五件？您要哪一件？

朴　要哪一件？

鲁　不是有一件，在右袖襟上有个烧破的窟窿，后来用丝线绣成一朵梅花补上的？还有一件，——

朴　（惊愕）梅花？

鲁　还有一件绸衬衣，左袖襟也绣着一朵梅花，旁边还绣着一个萍字。还有一件，——

朴　（徐徐立起）哦，你，你，你是——

鲁　我是从前伺候过老爷的下人。

朴　哦，侍萍！（低声）怎么，是你？

鲁　你自然想不到，侍萍的相貌有一天也会老得连你都不认识了。

朴　你——侍萍？（不觉地望望柜上的相片，又望鲁妈。）

鲁　朴园，你找侍萍么？侍萍在这儿。

朴　（忽然严厉地）你来干什么？

鲁　不是我要来的。

朴　谁指使你来的？

鲁　（悲愤）命！不公平的命指使我来的。

朴　（冷冷地）三十年的工夫你还是找到这儿来了。

鲁　（愤怨）我没有找你，我没有找你，我以为你早死了。我今天没想到到这儿来，这是天要我在这儿又碰见你。

朴　你可以冷静点。现在你我都是有子女的人，如果你觉得心里有委屈，这么大年纪，我们先可以不必哭哭啼啼的。

鲁　哭？哼，我的眼泪早哭干了，我没有委屈，我有的是恨，是悔，是三十年一天一天我自己受的苦。你大概已经忘了你做的事了！三十年前，过年三十的晚上我生下你的第二个儿子才三天，你为了要赶紧娶那位有钱有门第的小姐，你们逼着我冒着大雪出去，要我离开你们周家的门。

朴　从前的恩怨，过了几十年，又何必再提呢？

鲁　那是因为周大少爷一帆风顺，现在也是社会上的好人物。可是自从我被你们家赶出来以后，我没有死成，我把我的母亲可给气死了，我亲生的两个孩子你们家里逼着我留在你们家里。

朴　你的第二个孩子你不是已经抱走了么？

鲁　那是你们老太太看着孩子快死了，才叫我抱走的。（自语）哦，天哪，我觉得我像在做梦。

朴　我看过去的事不必再提起来吧。

鲁　我要提，我要提，我闷了三十年了！你结了婚，就搬了家，我以为这一辈子也见不着你了；谁知道我自己的孩子个个命定要跑到周家来，又做我从前在你们家做过的事。

朴　怪不得四凤这样像你。

鲁　我伺候你，我的孩子再伺候你生的少爷们。这是我的报应，我的报应。

朴　你静一静。把脑子放清醒点。你不要以为我的心是死了，你以为一个人做了一件于心不忍的事就会忘了么？你看这些家具都是你从前顶喜欢的东西，多少年我总是留着，为着纪念你。

鲁　（低头）哦。

朴　你的生日——四月十八——每年我总记得。一切都照着你是正式嫁过周家的人看，甚至于你因为生萍儿，受了病，总要关窗户，这些习惯我都保留着，为的是不忘你，弥补我的罪过。

鲁　（叹一口气）现在我们都是上了年纪的人，这些傻话请你不必说了。

朴　那更好了。那么我们可以明明白白地谈一谈。

鲁　不过我觉得没有什么可谈的。

朴　话很多。我看你的性情好像没有大改，——鲁贵像是个很不老实的人。

鲁　你不明白。他永远不会知道的。

朴　那双方面都好。再有，我要问你的，你自己带走的儿子在哪儿？

鲁　他在你的矿上做工。

朴　我问，他现在在哪儿？

鲁　就在门房等着见你呢。

朴　什么？鲁大海？他！我的儿子？

鲁　他的脚趾头因为你的不小心，现在还是少一个的。

朴　（冷笑）这么说，我自己的骨肉在矿上鼓励罢工，反对我！

鲁　他跟你现在完完全全是两样的人。

朴　（沉静）他还是我的儿子。

鲁　你不要以为他还会认你做父亲。

朴　（忽然）好！痛痛快快地！你现在要多少钱吧？

鲁　什么？

朴　留着你养老。

鲁　（苦笑）哼，你还以为我是故意来敲诈你，才来的么？

朴　也好，我们暂且不提这一层。那么，我先说我的意思。你听着，鲁贵我现在要辞退的，四凤也要回家。不过——

鲁　你不要怕，你以为我会用这种关系来敲诈你么？你放心，我不会的。大后天我就会带四凤回到我原来的地方。这是一场梦，这地方我绝对不会再住下去。

朴　好得很，那么一切路费、用费，都归我担负。

鲁　什么？

朴　这于我的心也安一点。

鲁　你？（笑）三十年我一个人都过了，现在我反而要你的钱？

朴　好，好，好，那么你现在要什么？

鲁　（停一停）我，我要点东西。

朴　什么？说吧。

鲁　（泪满眼）我——我只要见见我的萍儿。

朴　你想见他？

鲁　嗯，他在哪儿？

朴　他现在在楼上陪着他的母亲看病。我叫他，他就可以下来见你。不过是——

鲁　不过是什么？

朴　他很大了。

鲁　（追忆）他大概是二十八了吧？我记得他比大海只大一岁。

朴　并且他以为他母亲早就死了的。

鲁　哦，你以为我会哭哭啼啼地叫他认母亲么？我不会那么傻的。我难道不知道这样的母亲只给自己的儿子丢人么？我明白他的地位、他的教育，不容他承认这样的母亲。这些年我也学乖了，我只想看看他，他究竟是我生的孩子。你不要怕，我就是告诉他，白白地增加他的烦恼，他自己也不愿意认我的。

朴　那么，我们就这样解决了。我叫他下来，你看一看他，以后鲁家的人永远不许再到周家来。

鲁　好，希望这一生不至于再见你。

朴　（由衣内取出皮夹的支票签好）很好，这是一张五千块钱的支票，你可以先拿去用。算是弥补我一点罪过。

鲁　（接过支票）谢谢你。（慢慢撕碎支票）

朴　侍萍。

鲁　我这些年的苦不是你那钱就算得清的。

朴　可是你——

外面争吵声。鲁大海的声音："放开我，我要进去。"三四个男仆声："不成，不成，老爷睡觉呢。"门外有男仆等与大海的挣扎声。

朴　（走至中门）来人！（仆人由中门进）谁在吵？

仆人　就是那个工人鲁大海！他不讲理，非见老爷不可。

朴　哦。（沉吟）那你叫他进来吧。等一等，叫人到楼上请大少爷下楼，我有话问他。

仆人　是，老爷。

　　　仆人由中门下。

朴　（向鲁妈）侍萍，你不要太固执。这一点钱你不收下，将来你会后悔的。

鲁　（望着他，一句话也不说。）

　　　仆人领着大海进，大海站在左边，三四个仆人立一旁。

大　（见鲁妈）妈，您还在这儿？

朴　（打量鲁大海）你叫什么名字？

大　（大笑）董事长，您不要向我摆架子，您难道不知道我是谁么？

朴　你？我只知道你是罢工闹得最凶的工人代表。

大　对了，一点儿也不错，所以才来拜望拜望您。

朴　你有什么事吧？

大　董事长当然知道我是为什么来的。

朴　（摇头）我不知道。

大　我们老远从矿上来，今天我又在您府上大门房里从早上六点钟一直等到现在，我就是要问问董事长，对于我们工人的条件，究竟是允许不允许？

朴　哦，那么——那么，那三个代表呢？

大　我跟你说吧，他们现在正在联络旁的工会呢。

朴　哦，——他们没告诉你旁的事情么？

大　告诉不告诉与你没有关系。——我问你，你的意思，忽而软，忽而硬，究竟是怎么回事？

　　周萍由饭厅上，见有人，即想退回。

朴　（看萍）不要走，萍儿！（视鲁妈，鲁妈知萍为其子，眼泪汪汪地望着他。）

萍　是，爸爸。

朴　（指身侧）萍儿，你站在这儿。（向大海）你这么只凭意气是不能交涉事情的。

大　哼，你们的手段，我都明白。你们这样拖延时候不过是想去花钱收买少数不要脸的败类，暂时把我们骗在这儿。

朴　你的见地也不是没有道理。

大　可是你完全错了。我们这次罢工是有团结的，有组织的。我们代表这次来并不是来求你们。你听清楚，不求你们。你们允许就允许，不允许，我们一直罢工到底，我们知道你们不到两个月整个地就要关门的。

朴　你以为你们那些代表们，那些领袖们都可靠吗？

大　至少比你们只认识洋钱的结合要可靠得多。

朴　那么我给你一件东西看。

朴园在桌上找电报，仆人递给他；此时周冲偷偷由左书房进，在旁偷听。

朴　（给大海电报）这是昨天从矿上来的电报。

大　（拿过去看）什么？他们又上工了。（放下电报）不会，不会。

朴　矿上的工人已经在昨天早上复工，你当代表的反而不知道么？

大　（惊，怒）怎么矿上警察开枪打死三十个工人就白打了么？（又看电报，忽然笑起来）哼，这是假的。你们自己假作的电报来离间我们的。（笑）哼，你们这种卑鄙无赖的行为！

萍　（忍不住）你是谁？敢在这儿胡说？

朴　萍儿！没有你的话。（低声向大海）你就这样相信你那同来的代表么？

大　你不用多说，我明白你这些话的用意。

朴　好，那我把那复工的合同给你瞧瞧。

大　（笑）你不要骗小孩子，复工的合同没有我们代表的签字是不生效力的。

朴　哦，（向仆）合同！（仆由桌上拿合同递他）你看，这是他们三个人签字的合同。

大　（看合同）什么？（慢慢地，低声）他们三个人签了字。他们怎么会不告诉我就签了字呢？他们就这样把我不理啦？

朴　对了，傻小子，没有经验只会胡喊是不成的。

大　那三个代表呢？

朴　昨天晚上就回去了。

大　（如梦初醒）他们三个就骗了我了，这三个没有骨头的东西，他们就把矿上的工人们卖了。哼，你们这些不要脸的董事长，你们的钱这次又灵了。

萍　（怒）你混帐！

朴　不许多说话。（回头向大海）鲁大海，你现在没有资格跟我说话——矿上已经把你开除了。

大　开除了？

冲　爸爸，这是不公平的。

朴　（向冲）你少多嘴，出去！（冲由中门走下）

大　哦，好，好，（切齿）你的手段我早就领教过，只要你能弄钱，你什么都做得出来。你叫警察杀了矿上许多工人，你还——

朴　你胡说！

鲁　（至大海前）别说了，走吧。

大　哼，你的来历我都知道，你从前在哈尔滨包修江桥，故意在叫江堤出险——

朴　（低声）下去！

　　仆人等拉他，说："走！走！"

大　（对仆人）你们这些混账东西，放开我。我要说，你故意淹死了两千两百个小工，每一个小工的性命你扣三百块钱！姓周的，你发的是绝子绝孙的昧心财！你现在还——

萍　（忍不住气,走到大海面前,重重地打他两个嘴巴。)你这种混账东西！（大海立刻要还手，但是被周宅的仆人们拉住。）打他。

大　（向萍高声）你，你（正要骂，仆人一起打大海。大海头流血。鲁妈哭喊着护大海。）

朴　（厉声）不要打人！（仆人们停止打大海，仍拉着大海的手。）

大　放开我，你们这一群强盗！

萍　（向仆人）把他拉下去。

鲁　（大哭起来）哦，这真是一群强盗！（走至萍前，抽咽）你是萍，——凭，——凭什么打我的儿子？

萍　你是谁？

鲁　我是你的——你打的这个人的妈。

大　妈，别理这东西，您小心吃了他们的亏。

鲁　（呆呆地看着萍的脸，忽而又大哭起来）大海，走吧，我们走吧。（抱着大海受伤的头哭。）

1.以《雷雨》节选部分为中心，展开话剧表演、鉴赏及品评活动。

选出具有表演天赋的几名同学，根据《雷雨》节选部分剧本进行课前排练，并在课上进行表演，其余学生在认真观看的基础上提出自己的建议。演员应当做专业的演员，观众应当为认真的观众。

学生表演结束，教师播放话剧《雷雨》节选部分，学生与专业话剧演员比较，以发现自身需要改进完善的地方。

2.学写剧评，表达自己的观点。可从《雷雨》的主题主旨、人物的塑造、冲突的展开等方面提出自己的观点。

二、学校准备以"青春的校园"为主题举办一次话剧节，要求学生以话剧的形式反映校园生活。请你组织团队参加比赛，需自主撰写剧本，进行训练并上台表演。

附录一

普通话常用知识

一、容易读错的单音节字词

A: 凹（āo）

B: 跋（bá） 掰（bāi） 绊（bàn） 褒（bāo） 逼（bī）
匕（bǐ） 鄙（bǐ） 币（bì） 庇（bì） 痹（bì）
遍（biàn） 膘（biāo） 濒（bīn） 驳（bó） 跛（bǒ）
卜（bǔ） 哺（bǔ）

C: 糙（cāo） 嘈（cáo） 阐（chǎn） 忏（chàn） 乘（chéng）
惩（chéng） 逞（chěng） 嗤（chī） 侈（chǐ） 初（chū）
刍（chú） 槌（chuí） 淳（chún） 戳（chuō） 挫（cuò）
锉（cuò）

D: 怠（dài） 掸（dǎn） 档（dàng） 堤（dī） 涤（dí）
嫡（dí） 掂（diān） 跌（diē）

E: 扼（è）

F: 坊（fāng） 防（fáng） 妨（fáng） 焚（fén） 讽（fěng）
佛（fó） 否（fǒu） 孵（fū） 幅（fú） 甫（fǔ）
缚（fù）

G: 竿（gān） 冈（gāng） 岗（gǎng） 篙（gāo） 戈（gē）
搁（gē） 垢（gòu） 估（gū） 刮（guā） 瑰（guī）

H: 骇（hài） 呵（hē） 桦（huà） 晦（huì）

J: 积（jī） 绩（jì） 畸（jī） 箕（jī） 激（jī）

嫉（jí）　脊（jǐ）　甲（jiǎ）　矫（jiǎo）　缴（jiǎo）
酵（jiào）　皆（jiē）　茎（jīng）　颈（jǐng）　疚（jiù）
鞠（jū）　矩（jǔ）　绢（juàn）　崛（jué）

K：揩（kāi）　慨（kǎi）　铐（kào）　瞌（kē）　抠（kōu）
框（kuàng）　眶（kuàng）

L：琅（láng）　捞（lāo）　氯（lǜ）　掠（lüè）　抡（lūn）

M：氓（máng）　眸（móu）　谋（móu）　某（mǒu）

N：挠（náo）　拟（nǐ）　镊（niè）　您（nín）　蔫（niān）
拗（niù）

P：趴（pā）　畔（pàn）　乒（pīng）　乓（pāng）　胚（pēi）
坯（pī）　匹（pǐ）　譬（pì）　颇（pō）　剖（pōu）

Q：栖（qī）　鳍（qí）　绮（qǐ）　泣（qì）　虔（qián）
潜（qián）　擎（qíng）　顷（qǐng）　权（quán）　券（quàn）

R：然（rán）　燃（rán）　儒（rú）　蠕（rú）　褥（rù）

S：室（shì）　矢（shǐ）　恃（shì）　嗜（shì）　枢（shū）
束（shù）　吮（shǔn）　髓（suǐ）　遂（suì）　穗（suì）

T：艇（tǐng）　凸（tū）　颓（tuí）

W：洼（wā）　枉（wǎng）　危（wēi）　微（wēi）　伪（wěi）
紊（wěn）　梧（wú）　晤（wù）

X：锨（xiān）　弦（xián）　涎（xián）　舷（xián）　潇（xiāo）
些（xiē）　楔（xiē）　衅（xìn）　癣（xuǎn）　薛（xuē）
穴（xué）

Y：亚（yà）　筵（yán）　衍（yǎn）　仪（yí）　宜（yí）
诣（yì）　谊（yì）　涌（yǒng）　迂（yū）　隅（yú）
愉（yú）　逾（yú）

Z: 咂（zā）　暂（zàn）　凿（záo）　蚤（zǎo）　憎（zēng）

　　沼（zhǎo）　召（zhào）　脂（zhī）　帜（zhì）　仲（zhòng）

　　轴（zhóu）　贮（zhù）　拙（zhuō）　卓（zhuó）　滓（zǐ）

　　纂（zuǎn）　攥（zuàn）

二、普通话水平测试用朗读作品目录

序号	篇名	作者	序号	篇名	作者
1	白杨礼赞	茅盾	31	能吞能吐的森林	
2	差别	张健鹏、胡足青	32	朋友和其他	杏林子
3	丑石	贾平凹	33	散步	莫怀戚
4	达瑞的故事	博多·舍费尔	34	神秘的"无底洞"	罗伯特·罗威尔
5	第一场雪	峻青	35	世间最美的坟墓	茨威格
6	读书人是幸福人	谢冕	36	苏州园林	叶圣陶
7	二十美金的价值	唐继柳 译	37	态度创造快乐	
8	繁星	巴金	38	泰山极顶	杨朔
9	风筝畅想曲	李恒瑞	39	陶行知的"四块糖"	
10	父亲的爱	艾尔玛·邦贝克	40	提醒幸福	毕淑敏
11	国家荣誉感	冯骥才	41	天才的造就	刘燕敏
12	海滨仲夏夜	峻青	42	我的母亲独一无二	罗曼·加里
13	海洋与生命	童裳亮	43	我的信念	玛丽·居里
14	和时间赛跑	林清玄	44	我为什么当教师	彼得·基·贝德勒
15	胡适的白话电报	陈灼	45	西部文化和西部开发	
16	火光	柯罗连科	46	喜悦	王蒙
17	济南的冬天	老舍	47	香港：最贵的一棵树	舒乙
18	家乡的桥	郑莹	48	小鸟的天堂	巴金
19	坚守你的高贵	游宇明	49	野草	夏衍
20	金子	陶猛 译	50	一分钟	纪广洋
21	捐诚	青白	51	一个美丽的故事	张玉庭
22	可爱的小鸟	王文杰	52	永远的记忆	苦伶
23	课不能停	刘墉	53	语言的魅力	
24	莲花和樱花	严文井	54	赠你四味长寿药	蒲昭和
25	绿	朱自清	55	站在历史的枝头微笑	本杰明·拉什
26	落花生	许地山	56	中国的宝岛——台湾	
27	麻雀	屠格涅夫	57	中国的牛	小思
28	迷途笛音	唐若水 译	58	住的梦	老舍
29	莫高窟	余秋雨	59	紫藤萝瀑布	宗璞
30	牡丹的拒绝	张抗抗	60	最糟糕的发明	林光如

三、普通话水平测试用话题

序号	话题名	序号	话题名
1	我的愿望（或理想）	16	我的成长之路
2	我的学习生活	17	谈谈科技发展与社会生活
3	我尊敬的人	18	我知道的风俗
4	我喜爱的动物（或植物）	19	我和体育
5	童年的记忆	20	我的家乡（或熟悉的地方）
6	我喜爱的职业	21	谈谈美食
7	难忘的旅行	22	我喜欢的节日
8	我的朋友	23	我所在的集体（学校、机关、公司等）
9	我喜爱的文学（或其他）艺术形式	24	谈谈社会公德（或职业道德）
10	谈谈卫生与健康	25	谈谈个人修养
11	我的业余生活	26	我喜欢的明星（或其他知名人士）
12	我喜欢的季节（或天气）	27	我喜爱的书刊
13	学习普通话的体会	28	谈谈对环境保护的认识
14	谈谈服饰	29	我向往的地方
15	我的假日生活	30	购物（消费）的感受

四、安徽省普通话水平测试评分细则

测试项	评分项	评分标准	说明
读单音节字词	错误	0.1/音节	语音错误，每个音节扣0.1分。
读单音节字词	缺陷	0.05/音节	读音缺陷，每个音节扣0.05分。
读单音节字词	超时	0.5、1	超时1分钟以内，扣0.5分；超时1分钟以上（含1分钟），扣1分。
读多音节词语	错误	0.2/音节	语音错误，每个音节扣0.2分。
读多音节词语	缺陷	0.1/音节	读音缺陷，每个音节扣0.1分。
读多音节词语	超时	0.5、1	超时1分钟以内，扣0.5分；超时1分钟以上（含1分钟），扣1分。
朗读短文	错漏增	0.1/音节	读错、漏读或增读1个音节，扣0.1分。
朗读短文	声韵缺陷	0.5、1	声母或韵母系统性语音缺陷，视程度扣0.5分、1分。
朗读短文	语调偏误	0.5、1、2	语调偏误，视程度扣0.5分、1分、2分。
朗读短文	停连不当	0.5、1、2	停连不当，视程度扣0.5分、1分、2分。
朗读短文	朗读不畅	0.5、1、2	朗读不畅（包括回读），视程度扣0.5分、1分、2分。
朗读短文	超时	1分	超时扣1分。

续表

命题说话	语言标准程度（25分）	一档	语音标准，或极少有失误。扣0分、1分、2分。
		二档	语音错误在10次以下，有方音但不明显。扣3分、4分。
		三档	语音错误在10次以下，但方音比较明显；或语音错误在10~15次，有方音但不明显。扣5分、6分。
		四档	语音错误在10~15次，方音比较明显。扣7分、8分。
		五档	语音错误超过15次，方音明显。扣9分、10分、11分。
		六档	语音错误多，方音重。扣12分、13分、14分。
	词汇、语法规范程度（10分）	一档	词汇、语法规范。扣0分。
		二档	词汇、语法偶有不规范的情况。扣1分、2分。
		三档	词汇、语法屡有不规范的情况。扣3分、4分。
	自然流畅程度（5分）	一档	语言自然流畅。扣0分。
		二档	语言基本自然流畅，口语化较差，有背稿的表现。扣0.5分、1分。
		三档	语言不连贯，语调生硬。扣2分、3分。
	缺时扣分		说话不足3分钟，酌情扣分：缺时1分钟以内（含1分钟），扣1分、2分、3分；缺时1分钟以上，扣4分、5分、6分；说话不满30秒（含30秒），计0分。

附录二

中国书画常用知识

一、作品分类

1. 条幅：以长宣纸全开及对开(半截或半折)，直书之作品为条幅。

2. 楹联：两张对开条幅，分别书写上下联语者，亦称对联、对子或楹帖。

3. 中堂：将料纸全开或比全开稍小而单独或并挂于楹联间之条幅。

4. 斗方：将宣纸裁成八开左右大小（约1尺见方）之体裁，称之。

5. 匾额：又称横披，条幅横书装框或刻于木板悬挂于壁上。

6. 条屏：以中堂、条幅等尺幅相类之料纸，写成一组作品，依诗文长短。

7. 扇面：尺寸如扇形，有团扇与折扇，亦可装裱或轴成册。

8. 册页：将小幅作品装裱以便翻阅，合之成册、展开成页故名册页，其内容或相互连贯，或单独成立。

9. 手卷：亦称横轴，不便悬挂，只适合在书桌上舒展，观后，卷置之。

二、作品格式

1. 斗方：中国书画的一种式样。呈正方形。通常用四尺宣纸对裁两份，二尺高二尺宽，也可把四尺宣纸裁为八份，称为"小品斗方"，或"斗方小品"。

斗方是竖行书写的正方形的作品。书写内容一般是四行至六行。因为行列多，篇章布局时应十分强调上下左右的大小、开合、呼应及节奏变化等。在创作时，要注意正文与落款的主次关系，款字一般小于正文，要自然生动。落款可写在末行正文的下方，布局时应留出余地。款的底端一般不与正文平齐，以避免形式的死板。也可在正文后面另占一行或两行，上下均不能与正文平齐。印章要小于款字，需离开一字以上位置。

2.三开：中国书画的一种式样。呈长方形，尺寸不等。如用四尺宣纸分三份裁开，称四尺三开。若用五尺宣纸分三份裁开，称五尺三开。以此类推。同是三开，尺寸大小不同，四尺三开一般为三尺画面(实际是二尺七寸)。五尺三开则是十二平方尺的三分之一，每开画面的面积为四尺。

3.对幅：中国书画装裱的一种式样。通常两幅成对悬挂。如书法对幅，称"字对"或"对联"。明清绘画有"画对"，是两幅大小相等的屏条，成对悬挂。也有厅堂正中挂中堂立轴画，两边分挂"字对"，或中间悬挂中堂立轴书法，两侧悬挂"画对"。

4.中堂：中堂是竖行书写的长方形的作品。尺寸一般为一张整宣纸（分四尺、五尺、六尺、八尺等，其中小中堂为68厘米×45厘米）。因为尺幅比较大，所以需要创作者具有精熟的技法和整体把握作品布局的能力。在创作时，要注意正文与落款的主次关系，要使它们之间主次有别，相映生辉。落款切忌喧宾夺主。落款可写在末行正文的下方，布局时应留出余地。款的底端一般不与正文平齐，以避免形式的死板。也可在正文后面另占一行或数行，上下均不宜与正文平齐。印章要小于款字，盖印一般需离开一字以上位置，盖在款字的下方，也可盖在款字左侧。

5.条幅：条幅是竖行书写的长条作品。尺寸一般为一张整宣纸对裁。安排章法时，应根据书体的特点精心构思，立意要新。在创作时，要注意正文与落款的主次关系。落款要错落有致，自然生动。

条幅常见的格式有两种：（1）写成两行或三行的。两行的格式。左右两行均靠纸的左右两边写，中间留出较多空白。注意上下字的联系节奏，以及两行间的彼此呼应。落款通常写在第二行的末尾，位置应略高于第一行末一个字。款字可写一行或两行。三行的格式，需注意三行之间的相互关系，穿插映带及节奏变化。落款可在末行下端，底端略高于一、二两行正文的位置；也可另行写款，款字应短于正文，上下不宜与正文平行。（2）居中写一行（少字数）的。书写内容一般为格言、警句或一句诗词等。字数较少，写时要注意字的开合及节奏变化，以求生动。落款可分单款、双款。单款一般写在左侧中间的位置。款字内容包括书写时间、作者的名号，也可只写作者名或号。印章盖在款字下方，一般以两方为宜，印与印之间要适当拉开距离。落双款，上款写在作品的右侧中间偏上的部分，一般写创作作品的时间，若是赠送作品，则需写明被赠者的名或号、称谓及雅正、惠存、清赏等字样。

6.对联：又称楹联。分为上下两联，右边的为上联，左边的为下联。上下联的尺寸可与条幅等同，也可大于或小于条幅。对联的书写内容规定极为严格，只能是对仗的句子（上下联字数相等、平仄相对，一般字不重复出现），包括对偶句（俗称对子）、律诗中的中间两联（颔联、颈联）。对偶句常见的有五言、七言，也有少到三字一联，多到数十字、上百字一联的。律诗则分为五言、七言两种。五言、七言的对联，在安排章法时，上下联应单行居中竖写。十字以上的对偶句，则宜写成双行或多行（注意书写顺序，上联从右向左，下联则从左向右。落双款，分别于上下联的末尾，款字略高于正文底端）。上下联字的位置一般要基本平行。处理好一联内上下字的大小、收放的变化，及上下两联间的呼应，令上下两联成为一个整体。十字以下对联的落款分为上下款和单款两种。上下款，上款写在上联右边，下款写在下联左边。上款一般写诗句的作者、篇名等内容，下款则写书者的姓名、号，以及书写地点、时间等内容。若是赠送作品，上联需写明被赠者的名或号、称谓及雅正、惠存、清赏等字样。若是别人请你写的作品，上联则写请你作书人的名或号、称谓外加上"嘱书"等字样。单款一般写在下联左侧中间偏上的位置。款字内容包括书写时间、作者的名号，也可只写作者名或号。印章盖在款字下方，一般以两方为宜，印与印之间要适当拉开距离。

7.扇面：这里专指折扇扇面，它是一种特殊的形式。扇面上宽下窄的形状，使得折纹与拆纹之间也是上宽下窄。这种独特的样式，就要求我们在创作时，作出恰当的安排。

扇面常见的形式有三种：（1）充分利用上端，下端不用。这种格式以每行写两字为宜，从右至左，依次安排。落款写在正文的左侧。款宜长些，款字写一行至数行不等，印章宜小于正文。（2）写少数字，利用扇面的宽度由右向左，横排书写二至四字，要收放有度，落款可写数行小字，与正文相映成趣。（3）上端依次书写，下端隔行书写，形成长短错落的格局。这样则可避免上端疏朗而下端拥挤的情形，达到通篇的和谐。这种格式，先写长行，以五字左右为宜，短行以一、二字为宜。落款要精彩，一般写在正文后面，一行或数行均可。章宜小于落款的字。

三、落款与钤印

落款源于"款识"，原本是青铜器上的铭文对浇铸这一器皿原由的说明，后延用为对书画作品作者及内容的说明。落款内容为作者姓名（包括字、号）、时间、书写内容甚至包括书写地点、环境或气候、心情等。落款有上款、下款之分。作者姓名称为下款。书作赠送对象称为上款。上款一般不写姓只写名字，以示亲切，如果是单名，姓名同写。在姓名下还要写上称谓，一般称"同志""先生"，再下面写"正之""正书""指正"或"嘱书""嘱正""雅正""惠存"等。上款可写在书作右上方或正文结束以后，但上款必须在下款的上方，以示尊敬。一般不与正文齐平，可略下些，字比正文小些。

在创作之前，首先要选择所书写的内容，内容要求健康、积极向上，也可写古代或当代诗词或名句。内容确定后可考虑书写形式，是写中堂、对联、横幅、条幅还是册页、斗方；是写大字还是小字，写几行，纸多大？还要留下落款的位置。正文内容不可齐边顶头书写，四周要留有空白。中堂、对联、条幅这些竖式书作上下留白要大于两侧。一般上空大于下空。譬如写条幅，上空留白10厘米，下空可留白7厘米，两侧可各留白三五厘米。横幅留空左右相当，但要大于上下，上下留白均等。斗方、册页留白四周大致相同。四边留白确定后，根据字数多少及纸的大小折行或叠格子。

创作时，大字写完了换小笔写落款，落款竖写，可写两行，也可一行只写作者姓名（称穷款）。根据留空多寡落款，可写内容出处，还可写年代，最后写姓名"某某人书"。一般落款字小于正文的字，书体可与正文相同或带行意的楷书以示区别。最后盖章。

钤印，指盖印章。印章分朱文印和白文印两种。朱文印又称阳文，即字是凸出的，印在纸上字是红色的；白文印又称阴文，即字是凹陷的，印在纸上字是白色的。从印章的内容来分，又有姓名印、斋号印及闲章。一般在落款人名后盖一姓名印，若嫌空还可再加盖一斋号印，不可连盖两方同一内容的姓名印。可盖一方姓印，一方名印，而往往又是一朱一白。为了使书作上下前后呼应，往往在书作右上方再盖一起首印，又称引首印，初学者闲章印的内容可选"学海""求索""学书"等。印章的大小与书作大小及所书字体大小相关。一般大幅书作落款字大，印亦大，小幅书作落款字小，印亦小。

（一）用印的忌讳

书画上落款盖印，不可以印比字大。应大幅盖大印，小幅盖小印。

国画直幅落款字下盖印，直下底角，不可再盖压角闲章。如右上落款，左下角可盖闲章，左上落款，右下角可盖闲章。如上款字印接近下角，闲章就不需盖了。

国画横幅落款，左右两头角边不可盖闲章。右上落款，左下角可盖方形闲章，左下落款，右下角可盖方形闲章。此处如不需要盖闲章而勉强盖上，反而弄巧成拙。

方形闲章，不可盖在书画上端空白处，会喧宾夺主。

国画直幅落款，字行末行末字，与他行字长短，不可整齐，盖印亦如此。

盖二印，一方形，一圆形，不可匹配。同形印可匹配。

盖二印，一大一小，不可匹配。同样大小可匹配。

盖二印，一长方形，一椭圆形，不可匹配。同形印可匹配。

盖二印，上阳文、下阴文，上阳文、下阳文，上阴文、下阴文，均不可匹配。上阴下阳可匹配。

落款盖印之下，不可再题字。

已经落款盖印字画，款后不可再落上款赠人。

花头、鸟尾、树枝、山顶上，不可落款盖印。

匠刻印章，不可用于书画上，需用艺术篆刻家所刻石章。

普通印，不适用于书画上，要用八宝印泥。

盖二印，距离不可太远或太近，相隔一个印距离正好。

盖二印，印文、章法、刀法各异，不可匹配。要用相同刀法所刻印章。

画上不可题打油诗。

上款上端不可盖闲章压在人名头上。

盖压角闲章不可太小，宣纸四开，用方形石印，大约3厘米，比较适中。

盖压角闲章，不可盖二方上，一方正好。印与边距离约1.5厘米为适中。

落款字下不盖印。

书画上不可盖上劈头大印。

小画不可题大字，大画不可题小字。小空不可题字多，大空不可题字少。

书画上姓名印，不可连盖三印以上，应盖二印，或一印妥当。

书画上下左右不可任意盖印。盖多不当，不如少盖，印章印泥不佳，倒不如不盖。

盖二印不可东倒西歪，如何盖法，用力轻重，印章印泥保养，一切要潜心研究，是不可忽视的问题。

（二）常用落款用词

1. 称谓

（1）长辈：吾师、道长、学长、先生、女士（小姐）；

（2）平辈（或小一辈）：兄、弟、仁兄、尊兄、大兄、贤兄（弟）、学兄（弟）、道兄、道友、学友、方家、先生、小姐、法家（对书画或某一方面有专长之称）；

（3）关系较亲密：学（仁）弟、吾兄（弟）；

（4）老师对学生：学（仁）弟、学（仁）棣、贤契、贤弟；

（5）同学：学长、学兄、同窗、同砚、同席。

2. 上款客套语或敬词

雅赏、雅正、雅评、雅鉴、雅教、雅存、珍存、惠存、清鉴、清览、清品、清属、清赏、清正、清及、清教、清玩、鉴正、敲正、惠正、赐正、斧正、法正、法鉴、博鉴、尊鉴、法教、博教、大教、大雅、是正、教正、讲正、察正、请正、两正、就正、即正、指正、鉴之、正之、哂正、笑正、教之、正腕、正举、存念、属粲、一粲、粲正、一笑、笑笑、笑存、笑鉴、属、鉴。

3. 下款客套语或敬词

（1）书法题款用：敬书、拜书、谨书、顿首、嘱书、醉书、醉笔、漫笔、戏书、节临、书、录、题、笔、写、临、篆；

（2）绘画题款用：敬、敬赠、特赠、画祝、写祝、写奉、顿首、题、并题、戏题、题识、题句、敬识、记、题记、谨记、并题、跋、题跋、拜观、录、并录、赞、自赞、题赞、自嘲、手笔、随笔、戏墨、漫涂、率题、画、写、谨写、敬写、仿；

（3）篆刻边款用：刻作、记、制、治石、篆刻。